U0149118

《欽定遼史語解》探索

莊 吉 發 著

滿 語 叢 刊

文史哲出版社印行

國家圖書館出版品預行編目資料

《欽定遼史語解》探索 / 莊吉發著. -- 初版.
-- 臺北市：文史哲出版社，民 112.11
面：公分 --（滿語叢刊；55）
ISBN 978-986-314-658-2（平裝）

1.CST:滿語　2.CST:讀本

802.918　　　　　　　　　　112020071

滿　語　叢　刊　　55

《欽定遼史語解》探索

著　　　者：莊　　　吉　　　發
出　版　者：文　史　哲　出　版　社
http://www.lapen.com.tw
e-mail:lapen@ms74.hinet.net
登記證字號：行政院新聞局版臺業字五三三七號
發　行　人：彭　　　正　　　雄
發　行　所：文　史　哲　出　版　社
印　刷　者：文　史　哲　出　版　社
臺北市羅斯福路一段七十二巷四號
郵政劃撥帳號：一六一八〇一七五
電話886-2-23511028・傳真886-2-23965656

定價新臺幣六〇〇元

二〇二三年（民一一二）十二月初版

《欽定遼史語解》探索

目　次

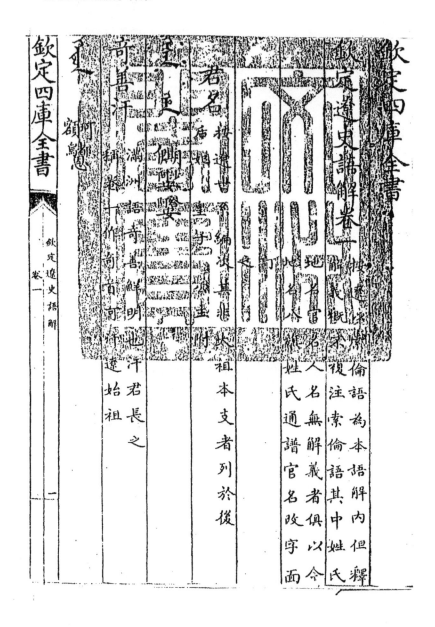

一、《欽定遼史語解》君名

遼朝（916-1125）在北方取得統治的地位，對促進政治、經濟、文化的發展產生了重要作用。後梁貞明二年（916），契丹族耶律阿保機稱帝，國號契丹，建元神冊。天顯二年（927），耶律德光改國號為遼。轄境東北至日本海，南至河北、山西，北至外興安嶺、鄂霍次克海，西至天山。與北宋長期對峙。天祚帝耶律延禧保大五年（1125）為金所滅。元世祖忽必烈中統二年（1261），議修遼、金二史。至元十六年（1279），滅宋，又命史臣通修遼、金、宋三史，以三國正統問題議論不定，雖歷經六十四年，惟迄未成書。至順帝妥懽帖木兒至正三年（1343），中書右丞相托克托奏請設局，定立義例，據原有底本重修三史，四年（1344）三月，《遼史》先成，為本紀三十卷，志三十一卷，表八卷，列傳四十五卷，各著論贊，具存體裁。遼起朔方，記載本少，修史時僅據金人耶律儼、陳大任二家所紀，天祚帝天慶二年（1112）以後多採自葉隆禮《契丹國志》，史料缺乏，頗見疏略。清厲鶚撰《遼史拾遺》，採摭群書至三百餘種，可補《遼史》之闕。

《欽定遼金元三史國語解》四十六卷，乾隆四十七年（1782）奉勅撰。清高宗以遼、金、元三史人名、地名音譯訛舛，鄙陋失實者多，因命儒臣按《同文韻統》例，概行更錄，以示正其字，而弗易其文。所謂「國語」，即指滿洲語。遼以索倫語為本，《欽定遼史語解》以索倫語正遼史，

凡十卷，首君名，附以后妃、皇子、公主。次宮衛，附以軍名。次部族，附以屬國。次地理、次職官、次人名、次名物，共七門。語解內僅釋索倫語解義，未複注索倫語。其滿洲語、蒙古語、唐古特語、梵語，則逐一複注，對研究《遼史》提供頗多珍貴資料。

《欽定遼史語解・君名》滿漢對照表

順次	滿洲語	漢　字	羅馬拼音	詞　義
1		奇善汗	kišan han	鮮明 君長
2		克　敦	kedun	蒙古語， 幾
3		巴　圖	batu	蒙古語， 結實
4		聶　呼	niyere	單弱
5		必　塔	bita	河一邊深 一邊淺
6		海　蘭	hailan	榆樹
7		努爾蘇	nursu	蒙古語， 鳥氄毛
8		薩喇達	sara da	繖 頭目

順次	滿洲語	漢　字	羅馬拼音	詞　　義
9		伊德實	idesi	蒙古語，食物
10		色勒迪	seldi	甲
11		安巴堅	amba giyan	大理
12		多爾濟	dorji	唐古特語，金剛
13		耀庫濟	yoo kuji	蒙古語，窰香
14		烏雲	uyun	九
15		舒嚕	šuru	珊瑚
16		文珠努	wenšunu	
17		雅布濟	yabuji	蒙古語，已行
18		濟古爾	jigur	蒙古語，羽翼
19		納琳	narin	蒙古語，精細

順次	滿洲語	漢　字	羅馬拼音	詞　義
20		察　喇	cara	注酒器
21		溫　汗	wen han	化君長
22		庫　哩	kuri	犁花色
23		蘇　爾威　汗	sur oi han	蒙古語，威叢林君長
24		達　年扎　里	daniyan jali	遮蔽處茅藤子
25		和拉　汗	hola han	蒙古語，遠君長
26		蘇　汗	su han	旋風君長
27		森　濟汗	senji han	蒙古語，鐘鈕君長

順次	滿洲語	漢　字	羅馬拼音	詞　義
28		兆古汗	joogū han	蒙古語，百君長
29		伊蘭汗	ilan han	三君長
30		齊蘇	cisu	蒙古語，血
31		巴拉汗	bala han	梵語，護君長
32		實埒	sile	湯
33		哈陶津汗	hataojin han	蒙古語，實君長
34		果珍	g'o jeng	唐古特語，有恩
35		且羅	ciye lo	唐古特語，大年
36		實古	ši gū	唐古特語，溫良身

資料來源：《欽定四庫全書》，「史部」，《欽定遼史語解》，卷一。

　　《欽定遼史語解》「君名」，按遼世系編次，其非太祖本支者，列於後，附后妃、皇子、公主。遼以索倫語為本，語解內但釋解義，不複注索倫語。其中姓氏、地名、官名、人名無解義者，俱以八旗姓氏通譜為本，但改字面。表中所列「君名」，除索倫語外，還含有頗多滿洲語、蒙古語、唐古特語。奇善汗（kišan han），滿洲語，「奇善」，意即「鮮明」，「汗」，意即「君長」，卷一作「奇首可汗」，是遼始祖。克敦（kedun），蒙古語，意即「幾數」，卷三十七作「可敦」，是遼遠祖。巴圖（batu），蒙古語，意即「結實」，卷三十七作「勃突」，是遼五世祖。聶呀（niyere），滿洲語，意即「單弱」，卷二作「雅里」，是遼遠祖。按滿洲語，「雅里」，意即「肉」，本不應改。《欽定遼史語解》以《遼史》內各卷字面不同，或書為「涅里」，或書為「泥禮」，又訛作「泥里」，實係一人，故改書「聶呀」。

　　必塔（bita），滿洲語，意即「河一邊深一邊淺」，卷二作「毗牒」，是遼遠祖。海蘭（hailan），滿洲語，意即「榆樹」，卷二作「頦領」，是遼遠祖。努爾蘇（nursu），蒙古語，意即「鳥氄毛」，卷二作「耨里思」，是肅祖。薩喇達（sara da），滿洲語，「薩喇」，意即「繳」，「達」，意即「頭目」，卷二作「薩剌德」，是懿祖。伊德實（idesi），蒙古語，意即「食物」，卷二作「勻德實」，是太祖之祖。色勒迪（seldi），索倫語，意即「甲」，卷二作「撒剌的」，是太祖之父。安巴堅（amba giyan），滿洲語，「安巴」，意即「大」，「堅」，意即「理」，卷一作「阿保機」，是太祖字。多爾濟（dorji），

唐古特語，意即「金剛」，卷一作「啜里只」，是太祖小字。耀庫濟（yoo kuji），蒙古語，「耀」，意即「窨」，「庫濟」，意即「香」，卷二作「堯骨」，是太宗小字。烏雲（uyun），滿洲語，意即「九」，卷一作「兀欲」，是世宗字。舒嚕（šuru），滿洲語，意即「珊瑚」，卷三作「述律」，是穆宗字。文殊努（wenšunu），卷十作「文殊奴」，是聖宗字，因以佛號為名，但改字面。雅布濟（yabuji），蒙古語，意即「已行」，卷十八作「夷不堇」，是興宗字。濟古爾（jigur），蒙古語，意即「羽翼」，卷十八作「只骨」，是興宗小字。

納琳（narin），蒙古語，意即「精細」，卷二十一作「涅鄰」，是道宗字。察喇（cara），滿洲語，意即「注酒器」，卷二十一作「查剌」，是道宗小字。溫汗（wen han），滿洲語，「溫」，意即「化」，「汗」，意即「君長」，卷四十五作「洼可汗」。庫哩（kuri），滿洲語，意即「牲畜毛片之犁花色」，卷六十三作「屈列」。蘇爾威汗（sur oi han），蒙古語，「蘇爾」，意即「威」，「威」，意即「叢林」，「汗」，意即「君長」，卷二作「阻午可汗」。達年扎里（daniyan jali），滿洲語，「達年」，意即「遮蔽處」，「扎里」，意即「茅藤子」卷三十二作「迪輦祖里」，卷六十三訛作「迪輦俎里」，又作「迪輦糺里」，其實是一人。和拉汗（hola han），蒙古語，「和拉」，意即「遠」，「汗」，意即「君長」，卷四十五作「胡剌可汗」。蘇汗，滿洲語，「蘇」，意即「旋風」，「汗」，意即「君長」，卷四十五作「蘇可汗」。

森濟汗（senji han），蒙古語，「森濟」，意即「鐘

鈕」、「把手」，「汗」，意即「君長」，卷三十三作「鮮質可汗」。兆古汗（joogū han），蒙古語，「兆古」，意即「百數」，「汗」，意即「君長」，卷四十五作「昭古可汗」，卷七十九訛作「嘲古可汗」。伊蘭汗（ilan han），滿洲語，「伊蘭」，意即「三數」，「汗」，意即「君長」，卷三十四作「耶瀾可汗」。齊蘇（cisu），蒙古語，意即「血」，卷六十三作「屈戌」。巴拉汗（bala han），梵語，「巴拉」，意即「護」，「汗」，意即「君長」，卷四十五作「巴剌可汗」。實埒（sile），滿洲語，意即「湯」，卷六十三作「習爾」。哈陶津汗（hataojin han），蒙古語，「哈陶津」，意即「實」、「堅固的」，「汗」，意即「君長」，卷一作「痕德堇可汗」。果珍（g'o jeng），唐古特語，意即「有恩」，卷六十三作「過折」。且羅（ciye lo），唐古特語，「且」，意即「大」，「羅」，意即「年」，卷六十三作「楷落」。實古（ši gu），唐古特語，「實」，意即「溫良」，「古」，意即「身」，卷六十三作「邵固」。

　　遼以索倫語為本，《欽定遼史語解》，以滿洲語、蒙古語、唐古特語解讀君名，有助於瞭解遼朝君主的命名習俗。遼聖宗字文殊努（wenšunu），是以佛號為名。遼太祖小字多爾濟（dorji），唐古特語，意即「金剛」。遼世宗字烏雲（uyun），滿洲語，意即「九」，兆古汗，蒙古語，讀如“joogū han”，句中「兆古」，蒙古語，讀如“joogū”，意即「百」。伊蘭汗，滿洲語，讀如“ilan han”，句中「伊蘭」，滿洲語，讀如“ilan”，意即「三」。遼世宗烏雲、兆古汗、伊蘭汗等，都是以數目字命名。海蘭（hailan），

滿洲語，意即「榆樹」。舒嚕（šuru），滿洲語，意即「珊瑚」。蘇爾威汗（sur oi han），句中「威」，蒙古語，讀如 "oi"，意即「叢林」。薩喇達（sara da），句中「薩喇」，滿洲語，讀如 "sara"，意即「繖」，又作「傘」。努爾蘇，蒙古語，讀如 "nursu"，意即「鳥鷚毛」。濟古爾，蒙古語，讀如 "jigur"，意即「羽翼」。庫哩，滿洲語，讀如 "kuri"，意即「牲畜毛片之犂花色」，譬如：犂狗；"kuri damin"，意即「虎斑鵰」；"kuri ihan"，意即「犂花牛」。說明遼朝君主亦以自然界草木鳥獸命名。

《欽定遼史語解・后妃》滿漢對照表

順次	滿洲語	漢字	羅馬拼音	詞義
1		哈屯	hatun	蒙古語，王妃
2		多爾吉	dorgi	內
3		納額默	na eme	地母
4		卓沁	jocin	蒙古語，客
5		伊勒希	ilhi	副
6		鄂爾多	ordo	亭
7		伊木沁	imcin	男巫鼓
8		蘇克濟	sukji	榆錢

順次	滿洲語	漢　字	羅馬拼音	詞　義
9		呼　紐	hunio	水桶
10		卓　琳	jorin	指向
11		晉　格	puge	
12		菩薩格	pusage	
13		訥木錦	nemgiyen	溫良
14		托　里	toli	蒙古語，鏡
15		繳　察	sanca	木耳
16		塔　斯	tas	蒙古語，性烈
17		多囉羅	dorolo	行禮
18		實　古	ši gu	溫良身
19		色　色	sese	金線
20		貴　格	guige	

資料來源：《欽定四庫全書》，「史部」，《欽定遼史語解》，卷一。

　　遼朝后妃，可以滿洲語、蒙古語、唐古特語解讀其詞義。表中哈屯（hatun），蒙古語，意即「王妃」，卷三十二作「可敦」，意即「皇后」。多爾吉（dorgi），滿洲語，意即「內」，卷七十一作「朏俚騫」，意即「后」。納額默（na eme），滿洲語，「納」，意即「地」，「額默」，意即「母」，卷七十一作「耨斡麼」，意即「后尊稱」。卓沁（jocin），蒙古語，意即「客」，卷七十一作「卓真」，是肅祖后。伊勒希（ilhi），滿洲語，意即「副」，卷七十一作「牙里辛」，是懿祖后。鄂爾多（ordo），滿洲語，意即「亭」，卷七十一作「月里朵」，是元祖后。伊木沁（imcin），滿洲語，意即「男巫鼓」，卷七十一作「巖母斤」，是德祖后。蘇克濟（sukji），滿洲語，意即「榆錢」，又作「榆莢」，是榆樹嫩葉，卷七十一作「撒葛只」，是世宗后。呼紐（hunio），滿洲語，意即「水桶」，卷十四作「胡輦」，是世宗妃。卓琳（jorin），滿洲語，意即「指向」，又作「意指」，卷八作「啜里」，是世宗妃。普格（puge），無解義，卷八作「蒲哥」，是世宗妃。菩薩格（pusage），以佛號為名，卷七十一作「菩薩哥」，是聖宗后。訥木錦（nemgiyen），滿洲語，意即「溫良」，卷七十一作「耨斤」，是聖宗妃。托里（toli），蒙古語，意即「鏡」，卷七十一作「撻里」，是興宗后。繖察（sanca），滿洲語，意即「木耳」，卷七十一作「三嬭」，是興宗妃。塔斯（tas），蒙古語，意即「性烈」，卷七十一作「坦思」，是道宗妃。多囉羅（dorolo），滿洲語，意即「行禮」，卷七十一作「奪里懶」，是天祚后。實古（ši gu），唐古特語，「實」，意即「溫良」，

「古」，意即「身」，卷七十一作「師姑」，是天祚妃。色色（sese），滿洲語，意即「金線」，卷七十一作「瑟瑟」，是天祚妃。貴格（guige），無解義，卷七十一作「貴哥」，是天祚妃。

　　遼朝后妃命名，有其特色，遼聖宗后菩薩格（pusage），是以佛號命名。納額默（na eme），意即「地母」。漢語「巫」，滿洲語讀如"saman"，漢字譯作「薩滿」，遼德祖后伊木沁（imcin），意即「男巫鼓」。遼朝后妃亦以個人性情命名，遼聖宗妃訥木錦，滿洲語讀如"nemgiyen"，意即「溫良」、「溫和」。天祚妃實古，唐古特語讀如"ši gu"，「實」（ši），意即「溫良」，「古」（gu），意即「身」。道宗妃塔斯，蒙古語讀如"tas"，意即「性烈」，性如烈火。遼朝后妃亦以草木物品為名，遼世宗后蘇克濟，滿洲語讀如"sukji"，意即「榆錢」，又稱「榆莢」，是榆樹的嫩葉。遼世宗妃呼紐，滿洲語讀如"hunio"，意即「水桶」。遼興宗后托里，蒙古語讀如"toli"，意即「鏡」。興宗妃繳察，滿洲語讀如"sanca"，意即「木耳」。

《欽定遼史語解・皇子》滿漢對照表

順次	滿洲語	漢　字	羅馬拼音	詞　義
1		學　順	hiyooxun	孝
2		雅遜	yasun	蒙古語，骨
3		噶拉	gala	手

順次	滿洲語	漢　字	羅馬拼音	詞　義
4		扣　肯	keoken	蒙古語，孩童
5		轄　哩	hiyari	斜眼
6		達　年	daniyan	遮蔽處
7		蘇　拉	sula	閒散
8		塔　拉	tala	野外
9		赫　德	hede	渣滓
10		尼古察	nigūca	蒙古語，秘密
11		頁卜肯	yebken	俊麗
12		瑪　嚕	malu	瓶
13		揚　珠	yangju	蒙古語，儀表
14		實　嚕	širu	蒙古語，珊瑚
15		蘇　嘚	sure	聰明
16		埒　克	leke	礪石

順次	滿洲語	漢　字	羅馬拼音	詞　義
17		綏　蘭	suilan	馬蜂
18		特爾格	terge	蒙古語，車
19		伊　勒 都　堪	ildukan	略覺順便
20		伊德實	idesi	蒙古語，食物
21		愛　新	aisin	金
22		安　圖	antu	山陽
23		蘇	su	旋風
24		貝	bui	唐古特語，香
25		托　雲	toyon	準頭
26		魯　呼	luhu	無頭箭
27		鴻　觀	honggon	鈴
28		雅爾噶	yarg'a	唐古特語，夏令

順次	滿洲語	漢字	羅馬拼音	詞　義
29		雅斯哈	yasha	簧網
30		必繖	bisan	澇
31		迪里	dili	頭
32		博斯齊	bosci	蒙古語，已起立
33		必舒	bišu	撫摩
34		珍戩	jeng jiyan	唐古特語，恩有
35		哈勒布	halbu	容留
36		扎穆	jamu	桃紅色
37		呼喇濟	hūraji	蒙古語，已集聚
38		普賢努	puhiyannu	
39		古齊	gūci	蒙古語，三十
40		和爾沁	hor cin	唐古特語，蒙古人大

順次	滿洲語	漢　字	羅馬拼音	詞　義
41		藥師努	yošinu	
42		博齋希	bocihi	醜
43		布古德	bugude	蒙古語，總
44		薩蘭	saran	蒙古語，月
45		烏格	uge	蒙古語，言
46		格爾	ger	蒙古語，房
47		圖嚕琨	turu kun	蒙古語，為首之人
48		海古勒	haigūl	蒙古語，後護
49		額勒本	elben	茅草
50		和囉噶	horoga	蒙古語，院
51		阿尼雅	aniya	年

順次	滿洲語	漢　字	羅馬拼音	詞　義
52		阿　林	alin	山
53		伊囉斡	iruwa	蒙古語，吉兆
54		額嚕温	eruwen	鑽
55		雅　里	yali	肉
56		塔　魯	talu	樺皮
57		實訥埒	sinele	蒙古語，令其過年
58		特哩袞	terigun	蒙古語，為首
59		安　巴 薩哈勒	amba sahal	大鬚
60		罕　巴	hanba	蒙古語，已足
61		佛寶努	foboonu	
62		舒　蘇	šusu	廩給

順次	滿洲語	漢　字	羅馬拼音	詞　義
63		寶信努	boosinnu	
64		庫　魯 噶　里	kulu gali	健壯 小兒
65		阿薩爾	asar	蒙古語， 閣
66		濟色 古勒	jisegul	蒙古語， 堆鋪
67		鄂約	oyo	氊廬頂

資料來源：《欽定四庫全書》，「史部」，《欽定遼史語解》，
　　　　卷一。

　　表中所列遼朝皇子學順，滿洲語讀如“hiyooǒun”，
意即「孝」，卷六十四作「洽睯」。雅遜，蒙古語讀如
“yasun”，意即「骨」，卷六十四作「牙新」。噶拉，滿
洲語，讀如“gala”，意即「手」，卷六十四作「葛刺」。
扣肯，蒙古語讀如“keoken”，意即「女孩」，語解作
「孩童」，異，卷六十四作「古昆」。轄哩，滿洲語讀如
“hiyari”，意即「斜眼」，卷六十四作「洽禮」。達年，
滿洲語讀如“daniyan”，意即「遮蔽處」，卷六十四作
「敵輦」。蘇拉，滿洲語讀如“sula”，意即「閑散」，卷
六十四作「叔拉」。塔拉，滿洲語讀如“tala”，意即「野
外」，卷六十四作「怗刺」，卷六十六又訛作「帖刺」。

赫德，滿洲語讀如"hede"，意即「渣滓」、「殘渣」、「碎屑」，卷六十四作「痕得」。尼古察，蒙古語讀如"nigūca"，意即「秘密」，卷六十四作「裹古直」。頁卜肯，滿洲語讀如"yebken"，意即「俊麗」，卷六十四作「崖母根」。瑪魯，滿洲語讀如"malu"，意即「瓶」，卷六十四作「麻魯」。

揚珠，蒙古語讀如"yangju"，意即「儀表」，卷六十四作「巖朮」。實嚕，蒙古語讀如"širu"，意即「珊瑚」，卷二十作「釋魯」。蘇呼，滿洲語讀如"sure"，意即「聰明」，卷六十四作「述瀾」。埒克，滿洲語讀如"leke"，意即「礪石」、「磨刀石」，卷一作「剌葛」。綏蘭，滿洲語讀如"suilan"，意即「馬蜂」，卷六十四作「率懶」。特爾格，蒙古語讀如"terge"，意即「車」，卷一作「迭剌」，又作「迭剌哥」，亦作「迭烈哥」。伊勒都堪，滿洲語讀如"ildukan"，意即「略覺順便」，卷六十四作「雲獨昆」。伊德實，蒙古語讀如"idesi"，意即「食物」，卷一作「寅底石」。愛新，滿洲語讀如"aisin"，意即「金」，卷六十四作「阿辛」。安圖，滿洲語讀如"antu"，意即「山陽」，卷一作「安端」。蘇，滿洲語讀如"su"，意即「旋風」，從卷六十四原文。貝，唐古特語讀如"bui"，意即「香」，卷一作「倍」。托雲，滿洲語讀如"toyon"，意即「準頭」，卷六十四作「圖欲」。魯呼，滿洲語讀如"luhu"，意即「無頭箭」，卷一作「李胡」。鴻觀，滿洲語讀如"honggon"，意即「鈴」，卷六十四作「洪古」。

雅爾噶，唐古特語讀如"yarg'a"，意即「夏令」，

卷六十四作「牙里果」。牙斯哈，滿洲語讀如 "yasha"，意即「簪網」，卷六十四作「罨撒葛」。必繖，滿洲語讀如 "bisan"，意即「澇」，卷六十四作「苾扇」。迪里，索倫語讀如 "dili"，意即「頭」，卷六十四作「敵烈」。博斯齊，蒙古語讀如 "bosci"，意即「已起立」，卷六十四作「巴速廑」。必舒，滿洲語讀如 "bišu"，意即「撫摩」，卷八作「必抧」。珍戩，唐古特語讀如 "jeng jiyan"，「珍」（jeng），意即「恩」，「戩」（jiyan），意即「有」，卷六十四作「篯廑」。哈勒布，滿洲語讀如 "halbu"，意即「容留」，卷六十四作「吼阿不」。扎穆，滿洲語讀如 "jamu"，意即「桃紅色」，卷八作「只沒」，卷十作「質睦」，卷六十四作「長沒」。呼喇濟，蒙古語讀如 "hūraji"，亦即「已集聚」，卷六十四作「和魯董」。普賢努，滿洲語讀如 "puhiyannu"，以佛號為名，卷六十四作「普賢奴」。古齊，蒙古語讀如 "gūci"，意即「三十」，卷六十四作「高七」。和爾沁，唐古特語讀如 "hor cin"，「和爾」（hor），意即「蒙古人」，「沁」（cin），意即「大」，卷六十四作「胡都董」。藥師努，滿洲語讀如 "yošinu"，以佛號為名，卷十四作「藥師奴」。博齊希，滿洲語讀如 "bocihi"，意即「醜」，卷六十四作「孛吉只」，卷十六又訛作「勃已只」。

布古德，蒙古語讀如 "bugude"，意即「總」，卷六十四作「別古特」，卷十八訛作「鼻姑得」，卷二十又訛作「別古得」。薩蘭，蒙古語讀如 "saran"，意即「月」，卷六十四作「撒懶」，又作「撒鸞」。烏格，蒙古語讀如 "uge"，意即「言」，卷六十四作「吳哥」。格爾，蒙

古語讀如"ger"，意即「房」，卷六十四作「狗兒」。圖
嚕琨，蒙古語讀如"turu kun"，「圖嚕」（turu），意即
「為首」，「琨」（kun），意即「人」，卷六十四作「屠
魯昆」。海古勒，蒙古語讀如"haigūl"，意即「後護」，
卷六十四作「侯古」。額勒本，滿洲語讀如"elben"，意
即「茅草」，卷六十四作「訛里本」。和囉噶，蒙古語讀
如"horoga"，意即「畜圈之圈」，語解作「院」，異，
卷二十作「和魯斡」。阿尼雅，滿洲語讀如"aniya"，
意即「年」，卷六十四作「阿輦」。阿林，滿洲語讀如
"alin"，意即「山」，卷二十作「阿璉」。

　　伊囉斡，蒙古語讀如"iruwa"，意即「吉兆」，卷
六十四作「耶魯斡」。額嚕溫，滿洲語讀如"eruwen"，
意即「鑽」，卷三十一作「敖魯斡」。雅里，滿洲語讀如
"yali"，意即「肉」，從卷六十四原文。塔魯，索倫語讀
如"talu"，意即「樺皮」，卷六十四作「撻魯」。實訥
埒，蒙古語讀如"sinele"，意即「令其過年」，卷二十七
作「習泥烈」。特哩袞，蒙古語讀如"terigun"，意即「為
首」，卷三作「提离古」。安巴薩哈勒，安巴，滿洲語讀如
"amba"，意即「大」，薩哈勒，蒙古語讀如"sahal"，
意即「鬚」，卷三作「阿鉢撒葛里」。罕巴，蒙古語讀如
"hanba"，意即「已足」，卷九作「韓八」。佛寶奴，滿
洲語讀如"foboonu"，卷十二作「佛寶奴」。舒蘇，滿洲
語讀如"šusu"，意即「廩給」，卷十五作「屬思」。寶
信努，滿洲語讀如"boosinnu"，無解義，卷十八作「寶信
奴」。庫魯噶里，滿洲語，「庫魯」讀如"kulu"，意即
「健壯」，「噶里」，讀如"gali"，意即「小兒伶俐」，

卷十九作「胡盧斡里」。阿薩爾，蒙古語讀如"asar"，意即「閣」，卷三十作「阿撒」。濟色古勒，蒙古語讀如"jisegul"，意即「堆鋪」，卷三十七作「只撒古」。鄂約，滿洲語讀如"oyo"，意即「氈盧頂」，卷一作「隈欲」，是皇孫。

遼朝皇子命名，有其特色。皇子普賢努（puhiyannu）、藥師努（yošinu），都是以佛號為名。皇子古齊（gūci），意即「三十」，以數目命名，或因其父於三十歲時產下皇子，故名「古齊」。遼朝皇子多以身體部位為名，皇子雅遜（yasun），意即「骨」。皇子噶拉（gala），意即「手」。皇子轄哩（hiyari），意即「斜眼」。皇子雅里（yali），意即「肉」。皇子迪里（dili），意即「首」。皇子安巴薩哈勒（amba sahal），意即「大鬚」。遼朝皇子亦以人品為名，皇子學順（hiyoošun），意即「孝」。皇子頁卜肯（yebken），意即「俊麗」。皇子揚珠（yangju），意即「儀表」。皇子蘇呼（sure），意即「聰明」。皇子博齊希（bocihi），意即「醜」。皇子扣肯（keoken），意即「孩童」。皇子庫魯噶里（kulu gali），意即「小兒健壯伶俐」。遼朝皇子亦以常見草木物品為名，皇子額勒本（elben），意即「茅草」。皇子塔魯（talu），意即「樺皮」。皇子阿林（alin），意即「山」。皇子安圖（antu），意即「山陽」。皇子蘇（su），意即「旋風」。皇子塔拉（tala），意即「野外」。皇子瑪魯（malu），意即「瓶」。皇子實嚕（širu），意即「珊瑚」。皇子埒克（leke），意即「礪石」，就是「磨刀石」。皇子綏蘭（suilan），意即「馬蜂」。皇子特爾格（terge），意即「車」。皇子伊德實（idesi），意即「食物」。皇子愛新

（aisin），意即「金」。皇子貝（bui），意即「香」。皇
子托雲（toyon），意即「準頭」。皇子魯呼（luhu），意
即「無頭箭」。皇子鴻觀（honggon），意即「鈴」。皇
子雅斯哈（yasha），意即「簹網」。皇子扎穆（jamu），
意即「桃紅色」。皇子薩蘭（saran），意即「月」。皇子
格爾（ger），意即「房」。皇子額嚕温（eruwen），意即
「鑽」。皇子阿薩爾（asar），意即「樓閣」。皇子鄂約
（oyo），意即「氈廬頂」。皇子濟色古勒（jisegul），意即
「堆鋪」。遼朝皇子，或以佛號為名，或以數目為名，或以
山林草木為名，或以身體部位為名，或以常用器物為名，確
實具有意義。

《欽定遼史語解・公主》滿漢對照表

順次	滿洲語	漢　字	羅馬拼音	詞　義
1		濟古爾	jigur	蒙古語，羽翼
2		羅卜科	lobko	蒙古語，淖泥
3		綽哈	cooha	兵
4		和克丹	hokdan	蒙古語，有產業
5		薩喇	sara	繖
6		淑格	šuge	
7		雅克	yak	蒙古語，結實

順次	滿洲語	漢　字	羅馬拼音	詞　義
8		伊　木　沁	imcin	男巫鼓
9		碩　格	šoge	銀鐸
10		吹巴勒	cui bal	唐古特語，法威
11		陶　格	taoge	
12		塔　納	tana	東珠
13		玖　格	gioge	
14		巴　格	bage	
15		實　格	šige	
16		丕　紳	pisin	草木厚密
17		泰　格	taige	
18		賽　格	saige	
19		興　格	hingge	魚羣

順次	滿洲語	漢　字	羅馬拼音	詞　義
20		巴　戩	ba jiyan	唐古特語，勇裝嚴
21		烏拉台	ula tai	蒙古語，有驛站
22		蘇克濟	sukji	榆錢
23		扎　里	jali	茅藤子
24		托　里	toli	蒙古語，鏡
25		額哩音	eriyen	蒙古語，花斑
26		諾木歡	nomhon	循良
27		孟　古	mūnggu	蒙古語，銀
28		佛古寧	fe gūnin	舊意
29		額伯哩	eberi	懦弱
30		呼　敦	hūdun	快

資料來源：《欽定四庫全書》，「史部」，《欽定遼史語解》，
　　　　　卷一。

　　遼朝公主濟古爾，蒙古語讀如"jigur"，意即「羽翼」，卷六十五作「質古」。公主羅卜科，蒙古語讀如"lobko"，意即「淖泥」，卷六十五作「呂不古」。公主綽哈，滿洲語讀如"cooha"，意即「兵」，卷六十五作「嘲瑰」。公主和克丹，蒙古語讀如"hokdan"，意即「有產業」，卷十作「胡骨典」，卷六十五作「和古典」。公主薩喇，滿洲語讀如"sara"，意即「繖」，又作「傘」，卷六十五作「撒剌」。公主淑格，讀如"šuge"，無解義，卷十作「淑哥」。公主雅克，蒙古語讀如"yak"，意即「正好」，語解作「結實」，異，卷六十五作「燕哥」。公主伊木沁，滿洲語讀如"imcin"，意即「男巫鼓」，卷六十五作「巖母厪」。公主碩格，滿洲語讀如"šoge"，意即「銀錁」，卷六十五作「槊古」。公主吹巴勒，唐古特語，「吹」，讀如"cui"，意即「法」，「巴勒」，讀如"bal"，意即「威」，卷十七作「崔八」。公主陶格，讀如"taoge"，無解義，卷六十五作「陶哥」。公主塔納，滿洲語讀如"tana"，意即「東珠」，卷六十五作「鈿匿」。公主玖格，讀如"gioge"，無解義，卷六十五作「九哥」。公主巴格，讀如"bage"，無解義，卷六十五作「八哥」。公主實格，讀如"šige"，無解義，卷六十五作「十哥」。公主丕紳，索倫語讀如"pisin"，意即「草木厚密」，卷六十五作「擘失」。公主泰格，讀如"taige"，無解義，卷六十五作「泰哥」。公主賽格，

讀如"saige"，無解義，卷六十五作「賽哥」。公主興格，滿洲語讀如"hingge"，意即「魚羣」，卷六十五作「興哥」。公主巴戩，唐古特語，「巴」，讀如"ba"，意即「勇」，「戩」，讀如"jiyan"，意即「裝嚴」，卷六十五作「跋芹」。公主烏拉台，蒙古語讀如"ulatai"，意即「有驛站」，卷六十五作「斡里太」。公主蘇克濟，滿洲語讀如"sukji"，意即「榆錢」，就是榆樹的嫩葉，又稱「榆莢」，即春季榆樹所結花子，卷六十五作「撒葛只」。公主扎里，滿洲語讀如"jali"，意即「茅藤子」，卷六十五作「糺里」。公主托里，蒙古語讀如"toli"，意即「鏡」，卷六十五作「特里」。公主額哩音，蒙古語讀如"eriyen"，意即「花斑」，卷六十五作「余里衍」。公主諾木歡，滿洲語讀如"nomhon"，意即「循良」，卷十七作「粘米袞爾」，卷六十八作「涅朮袞」。公主孟古，蒙古語讀如"mūnggu"，意即「銀」，卷七十一作「萌古」。公主佛古寧，滿洲語讀如"fe gūnin"，意即「舊意」，卷三作「蒲割顜」。公主額伯哩，滿洲語讀如"eberi"，意即「懦弱」，卷五作「阿不里」。公主呼敦，滿洲語讀如"hūdun"，意即「快」，卷一〇七作「胡獨」。

　　遼朝公主命名，有其特色。公主孟古（mūnggu），意即「銀」，公主碩格（šoge），意即「銀錁」，以「銀」為名。公主塔納（tana），意即「東珠」，以「東珠」為名。公主托里（toli），意即「鏡」，以「鏡」為名。漢語「巫」，滿洲語讀如"saman"，漢字音譯作「薩滿」。公主伊木沁，滿洲語讀如"imcin"，意即「男巫鼓」，公主伊木沁就是以「男巫鼓」，或「男薩滿鼓」為名。公主

薩喇（sara），意即「傘」，以「傘」為名。公主蘇克濟（sukji），意即「榆錢」、「榆莢」，就是榆樹的嫩葉，以「榆錢」或「榆莢」為名。公主丕紳（pisin），意即「草木厚密」，就是以「草木」為名。公主扎里（jali），意即「茅藤子」，以「茅藤子」為名。公主濟古爾（jigur），意即「羽翼」，以「羽翼」為名。公主興格（hingge），意即「魚羣」，以「魚羣」為名。

公主

儕鑄

濟古爾　蒙古語羽翼也卷
六十五作賓古

　　　　　雛補
　　　　　雛科

羅卜科　蒙古語淖沁也卷
六十五作呂不古

　　　鞸徼阿哈

綽哈　滿洲語兵也卷
六十五作朝琨

欽定四庫全書　　　欽定遼史語解　卷一

十七

欽定四庫全書

欽定遼史語解卷二

按遼以索倫語為本語解内但釋
解義概不複注索倫語其中姓氏
地名官名人名無解義者俱以今
地名八旗姓氏通譜官名改字面

宮衛軍名附

之

訂

之

鄂爾多 鄂爾多

滿洲語亭也卷三
十一作幹魯朶

巴納
阿阿

欽定四庫全書

欽定遼史語解

卷二

一

二、《欽定遼史語解》宮衛

　　《遼史》中宮衛名稱及軍名，除索倫語外，還含有滿洲語、蒙古語、回語、唐古特語、梵語，俱注明其詞義，其中姓氏、官名、人名、地名無解義者，則以清代地名、官名、《八旗姓氏通譜》訂正改動字面。其宮衛多以亭（ordo）、山川草木鳥獸、顏色、生活用品、數字命名，俱有各種特徵的意義。以龍、駝、馬、牛、羊、貂、貔、蛇、鶻、鷹、海青、烏鴉、東珠、芝蔴、枸杞、珊瑚等為名，各有特色，容易識別。

《欽定遼史語解・宮衛》滿漢對照表

順次	滿洲語	漢　字	羅馬拼音	詞　義
1		鄂爾多	ordo	亭
2		巴納	ba na	地方
3		呼遜鄂爾多	hūsun ordo	力亭
4		蘇斡延鄂爾多	suwayan ordo	黃色亭

順次	滿洲語	漢 字	羅馬拼音	詞 義
5		彀 烏 寧 鄂 爾 多	geo uniyen ordo	騍馬 乳牛 亭
6		沽 依 鄂 爾 多	gu i ordo	玉亭
7		伊 囉 斡 鄂 爾 多	irowa ordo	蒙古語， 吉兆亭
8		富 僧 額 鄂 爾 多	fusengge ordo	孿生亭
9		岱 拉 哈 鄂 爾 多	dailaha ordo	已討亭
10		嘉 們 鄂 爾 多	giyamun ordo	驛站亭

順次	滿洲語	漢　字	羅馬拼音	詞　義
11		孟古 鄂爾多	mūnggu ordo	蒙古語， 銀亭
12		阿敦 鄂爾多	adun ordo	牧羣 亭
13		阿果 鄂爾多	agoo ordo	蒙古語， 寬亭
14		阿掄 鄂爾多	arun ordo	蒙古語， 潔淨亭
15		學順德鄂 哩本多 爾多	hiyoošun deribun ordo	孝始亭
16		錫林	silin	精銳
17		斡里	wali	幻術
18		摩哩	mori	蒙古語， 馬

順次	滿洲語	漢　字	羅馬拼音	詞　義
19		德　里	deli	盤石
20		扎　薩　克	jasak	蒙古語，政治
21		鄂　津　特 埒　　哩	ojin teleri	捏摺女朝服
22		伊　遜 巴　勒	isun bal	蒙古語，九蜂蜜
23		烏　納 哈　喇	una hara	蒙古語，牲畜黑色
24		阿　克　蘇	aksu	回語，白水
25		舒	šu	文
26		蘇　嚕　克	suruk	蒙古語，牧羣
27		實　喇	sira	蒙古語，黃色
28		齊　哩　克	cirik	蒙古語，兵
29		帕　克	pak	唐古特語，聖

順次	滿洲語	漢　字	羅馬拼音	詞　義
30		特哩台	teritai	蒙古語，整齊
31		浩沁	haocin	蒙古語，舊
32		納沁諾色爾	nacin nūser	蒙古語，海青笨
33		努爾尼哩特台	nur niyur teritai	蒙古語，面（臉）整齊
34		尼格爾巴	nige bar	蒙古語，一虎
35		呼都克	hūduk	蒙古語，井
36		阿蘇	asu	網
37		頁嚕	yeru	獸穴
38		趙	coo	蒙古語，有名
39		伊都	idu	班次

順次	滿洲語	漢字	羅馬拼音	詞義
40		薩蘭	saran	蒙古語，月
41		烏納巴	una ba	枸杞地方
42		烏訥爾	uner	蒙古語，真
43		阿勒坦	altan	蒙古語，金
44		裕珠	ioiju	
45		哲爾吉	jergi	品級
46		塔喇	tara	
47		察喇	cara	注酒器
48		托卜	tob	正
49		密古	mi gu	唐古特語，人身
50		鄂勒歡	olhon	乾
51		伊巴實勒	isi bal	唐古特語，智慧威

順次	滿洲語	漢　字	羅馬拼音	詞　　義
52		色 勒 必	selbi	檠
53		塔 魯	talu	樺皮
54		卓 羅	jolo	石
55		蘇 庫	sukū	皮革
56		塔 納	tana	東珠
57		實 爾 圖	sirtu	蒙古語，有漆
58		約 囉	yoro	響箭
59		赫 伯	hebe	商議
60		達 薩	dasa	令治
61		默 音	meyen	隊
62		呼 沁	hūcin	井
63		茂	moo	樹木
64		烏	u	蒙古語，飲

順次	滿洲語	漢　字	羅馬拼音	詞　義
65		哈喇齊	haraci	蒙古語，瞭望人
66		實壘	siroi	蒙古語，土
67		錫哷	sire	蒙古語，床
68		必老	birao	蒙古語，二歲牛
69		塔瑪	tama	行圍收合
70		綽卜	cob	高出
71		伊哷濟	ireji	蒙古語，已來
72		伊埒 烏頁	ile uye	蒙古語，明顯世代
73		罕扎	hanja	廉
74		茂古 庫德	maogū kude	蒙古語，不善野外
75		鄂摩	omo	池

順次	滿洲語	漢　字	羅馬拼音	詞　義
76		威　哈 喇　齊	oi haraci	蒙古語， 叢林瞭望人
77		瑪雅喀	mayaka	已消滅
78		特　默	teme	蒙古語， 駱駝
79		烏　頁	uye	蒙古語， 世代
80		穆爾　哈 喇　齊	mur haraci	蒙古語， 踪跡瞭 望人
81		伊　里	ili	令立
82		錫　伯	sibe	柵
83		伊　德	ide	蒙古語， 食
84		旺	wang	唐古特語， 權
85		阿　雅	aya	好
86		薩　巴	saba	蒙古語， 器皿

順次	滿洲語	漢　字	羅馬拼音	詞　義
87		薩	sa	玉草
88		扎　里	jali	茅藤子
89		敖　拉	aola	蒙古語， 山
90		薩　布	sabu	鞋
91		哈　里	hali	有水寬甸處
92		阿　嚕　威	aru oi	蒙古語， 山陰叢林
93		克　哩　頁	keriye	蒙古語， 烏鴉
94		呼　圖　克	hūtuk	蒙古語， 福
95		達　喇	dara	梵語， 救渡
96		穆　喇　斡	murawa	唐古特語， 言之
97		圖　嚕　拉	turula	令其倡 率
98		伊　遜	isun	蒙古語， 九

順次	滿洲語	漢　字	羅馬拼音	詞　　義
99		錫里濟	siliji	蒙古語，已選拔
100		珊	šan	耳
101		吉勒展	giljan	恕
102		蘇爾展	sur jan	蒙古語，威象
103		格密	ge mi	唐古特語，福人
104		布木	bum	蒙古語，億
105		唐古	tanggū	
106		圖格	tuge	冬
107		伯克爾圖	berketu	蒙古語，險峻
108		和布掄展	horon bujan	威平地樹林

順次	滿洲語	漢　字	羅馬拼音	詞　義
109		伊　綿 布　展	imiyan bujan	集聚平 地樹林
110		青　達	cingda	蒙古語， 結實
111		索　雲	soyon	馬臕
112		格斯齊	gesci	蒙古語， 化
113		莽　阿	mangga	剛強
114		濟　里	jili	
115		塔瑪圖	tamatu	蒙古語，行 圍收合有
116		楚勒罕	culgan	盟
117		薩　哈 廉　溫	sahaliyan on	黑色道路
118		達勒達	dalda	遮蔽

順次	滿洲語	漢　字	羅馬拼音	詞　義
119		伊　瑪	ima	蒙古語，山羊
120		德　勒　岱	deldai	蒙古語，有鬚
121		哈　達　阿沃 林　刷濟	hada alin šuwa weji	山峰山 山後樹 林叢林
122		哈　克　緻達 必　賚　刷 勒　拜　濟 沃	haksan birai dalbai šuwa weji	險峻河 傍邊山後 樹林叢林
123		圖　嚕 勒　奇	turulki	蒙古語，生性
124		納　噶 特　齊	nagatci	蒙古語，已戲笑
125		博　勒　和 庫　們	bolgo kumun	清樂

順次	滿洲語	漢　字	羅馬拼音	詞　　義
126		阿嚕音 達巴	aru yen daba	蒙古語， 山陰嶺
127		錫勒們	silmen	鷂
128		達爾扎	darja	唐古特語， 開廣
129		瑪朗古	malanggū	芝蔴
130		穆克德摩 珂鄂	mukdeke omo	興盛池
131		特黙齊 鄂蘭	temeci olan	蒙古語， 牧駝人 眾多
132		摩該蘇 都爾	mogai dursu	蒙古語， 蛇體勢

順次	滿洲語	漢　字	羅馬拼音	詞　義
133		額穆吉 林刷沃 濟	emu girin šuwa weji	一帶山後 樹林叢林
134		察穆罕 爾達巴	cagan mur daba	蒙古語，白 色踪跡嶺
135		伊奇哩 沃濟	ikiri weji	一連叢林
136		色克 布辰	seke bujan	貂鼠平 地樹林
137		薩哈 勒濟	sahalji	黑貂皮
138		伊克 扎木	ike jam	蒙古語， 大道路
139		呼遜 阿林	hūsun alin	力山

順次	滿洲語	漢　字	羅馬拼音	詞　義
140		布　琨	bukūn	羚羊
141		扎　蘭	jalan	世代
142		徹　辰 郭　勒	cecen gool	蒙古語， 聰明河
143		敖　拉　森 濟　實　壘	aola senji siroi	蒙古語， 山鐘鈕土
144		伊　勒　敦 刷　沃　濟	ildun šuwa weji	順便山後 樹林叢林
145		伊　蘭　伊 勒　都　堪 阿　拉	ilan ildukan ala	三略順 便平矮 山
146		瑚　琨	hukun	糞土
147		袞	gun	蒙古語， 深
148		色　哷　森	seresen	蒙古語， 知覺

順次	滿洲語	漢　字	羅馬拼音	詞　義
149		阿哈郭 掄斯勒	arun has gool	蒙古語，潔淨玉河
150		特齊 哩哩袞克	terigun cirik	蒙古語，為首之兵
151		伊布 錫展	isi bujan	落葉松平地樹林
152		特斯 古琨	tegus kun	蒙古語，全人
153		綽哈	cooha	兵
154		哈錫齊 拉庫爾纖	halasan sikurci	蒙古語，已更換執纖人

順次	滿洲語	漢字	羅馬拼音	詞義
155		喇庫 托錫齊 多班爾	dotoraban sikurci	蒙古語， 內執繳人
156		魯庫	luku	草木厚密
157		希斯	hisy	山傍險峻處
158		都林	dulin	一半
159		額勒本	elben	茅草
160		雅蘇	yasu	蒙古語， 骨
161		默色	mese	蒙古語， 器械
162		伊繖	isan	集聚
163		額森勒 德勒	esen del	蒙古語， 平安衣服
164		特們	temen	駝

順次	滿洲語	漢　字	羅馬拼音	詞　　義
165		庫爾 都哩	kur duri	蒙古語， 凍雪 漫草上形像
166		額埒蘇 穆爾	elesu mur	蒙古語， 沙踪跡
167		伊納克	inak	蒙古語， 親熱
168		武都溫	uduwen	公貔
169		伊特丹	it dan	唐古特語， 心誠實
170		雲	yun	車轍
171		布圖巴	butu ba	幽闇地方
172		特默 茂海	teme moohai	蒙古語， 駱駝不善
173		婁實克	luo sik	蒙古語， 龍相似

順次	滿洲語	漢　字	羅馬拼音	詞　義
174		舒　蘇	šusu	廩給
175		錫庫爾齊	sikurci	蒙古語，執轍人
176		赫　貝巴　納	hebei ba na	商議地方
177		呼魯蘇	hūlusu	蒙古語，蘆葦
178		濟　沙實　克	jiša sik	蒙古語，班次相似
179		賽　音令　公	sain ling gung	好官名
180		古　齊卜爾根黙　納巴	gubci mergen ba na	普遍賢地方

順次	滿洲語	漢　字	羅馬拼音	詞　義
181		達爾罕 太保果喀 齊保喀	dargan taiboo gocika	勤勞免役 太保親隨
182		卦安巴 果齊喀	gūwa amba gocikan	別大 親隨
183		羅和令 公果齊 喀	loho ling gung gocika	腰刀官名 親隨
184		達林 巴納	dalin ba na	岸地方
185		和揄 巴納	horon ba na	威地方
186		卦安巴 覺禅	gūwa amba giyoocan	別大 教場

順次	滿洲語	漢　字	羅馬拼音	詞　義
187		霏爾都 爾蘇	nair dursu	蒙古語， 和形像
188		保達古 魯克齊	boodagūlukci	蒙古語， 打鳥鎗人
189		聶呼 巴納	niyere ba na	單弱 地方
190		達蘭 巴納	dalan ba na	河堤 地方
191		伊喇	ira	
192		摩哩	mori	蒙古語， 馬
193		呼喇繖	hūrasan	蒙古語， 已集聚
194		舒新	šusin	鐵鑿
195		瑪達	mada	令生息

順次	滿洲語	漢　字	羅馬拼音	詞　義
196		烏　雅	uya	
197		特　哩	teri	蒙古語， 整齊
198		錫　里	sili	蒙古語， 選拔
199		特　們	temen	駝
200		德　呼	dere	蒙古語， 上
201		華　刺	hūwara	鐵銼
202		尼　格	nige	蒙古語， 一
203		鈕祐祿	niohuru	
204		丕勒貝	pil bui	唐古特語， 孳生香
205		淵	yuwan	硯
206		舒　嚕	šuru	珊瑚
207		約　囉	yoro	響箭

順次	滿洲語	漢　字	羅馬拼音	詞　義
208		布　魁	bukui	蒙古語，有
209		昭	joo	蒙古語，百

資料來源：《欽定四庫全書》，「史部」，《欽定遼史語解》，卷二。

　　表中所列遼朝宮衛名稱，計一九三個，附軍名十六個，合計共二〇九個，除索倫語外，還含有頗多滿洲語、蒙古語、唐古特語。表中宮衛名稱鄂爾多，滿洲語讀如"ordo"，意即「亭」，卷三十一作「斡魯朵」。巴納，滿洲語讀如"ba na"，意即「地方」，卷三十一作「捺鉢」。呼遜鄂爾多，滿洲語讀如"hūsun ordo"，意即「力亭」，卷三十一作「虎思斡魯朵」。蘇斡延鄂爾多，滿洲語讀如"suwayan ordo"，意即「黃色亭」，卷三十一作「算斡魯朵」。彀烏寧鄂爾多，滿洲語「彀」讀如"geo"，意即「騍馬」，「烏寧」讀如"uniyen"，意即「乳牛」，鄂爾多讀如"ordo"，意即「亭」，卷三十一作「國阿輦斡魯朵」。沽依鄂爾多，滿洲語讀如"gu i ordo"，意即「玉亭」，卷三十一作「孤穩斡魯朵」。伊囉斡鄂爾多，蒙古語讀如"irowa ordo"，意即「吉兆亭」，卷三十一作「耶魯盌斡魯朵」，又作「榆魯盌」。富僧額鄂爾多，滿洲語讀如"fusengge ordo"，意即「孳生亭」，卷三十一作「蒲速盌斡魯朵」，又作「蒲速斡」，又作「蒲逮斡」。岱拉哈鄂爾多，滿洲語讀如"dailaha ordo"，意即「已征討之亭」，

卷三十一作「奪里本斡魯朵」。嘉們鄂爾多，滿洲語讀如
"giyamun ordo"，意即「驛站亭」，卷三十一作「監母斡
魯朵」。孟古鄂爾多，蒙古語讀如"mūnggu ordo"，意即
「銀亭」，卷三十一作「女古斡魯朵」。阿敦鄂爾多，滿洲
語讀如"adun ordo"，意即「牧羣亭」，卷三十一作「窩篤
盌斡魯朵」。阿果鄂爾多，蒙古語讀如"agoo ordo"，意
即「寬亭」，卷三十一作「阿思斡魯朵」。阿掄鄂爾多，蒙
古語讀如"arun ordo"，意即「潔淨亭」，卷三十一作「阿
魯盌斡朵」。學順德哩本鄂爾多，滿洲語讀如"hiyoošun
deribun ordo"，意即「孝始亭」，卷三十一作「赤實得本斡
魯朵」。

　　錫林，滿洲語讀如"silin"，意即「精銳」，卷三十一
作「石烈」。斡里，滿洲語讀如"wali"，意即「幻術」、
「戲法」，卷三十一作「瓦里」。摩哩，蒙古語讀如
"mori"，意即「馬」，卷三十一作「抹里」。德里，滿
洲語讀如"deli"，意即「盤石」，卷三十一作「得里」。
扎薩克，蒙古語讀如"jasak"，意即「政治」，卷三十一
作「閘撒」。鄂津特垿哩，滿洲語讀如"ojin teleri"，意
即「捏摺女朝服」，含捏摺女朝褂及捏摺女朝衣，卷四作
「歐堇突呂」。伊遜巴勒，蒙古語「伊遜」讀如"isun"，
意即「九」，「巴勒」讀如"bal"，意即「蜂蜜」，卷四
作「乙斯勃」。烏納哈喇，蒙古語「烏納」讀如"una"，
意即「乘騎役畜」，語解作「牲畜」，異，「哈喇」讀如
"hara"，意即「黑色」，卷四作「溫納河剌」。阿克蘇，
回語讀如"aksu"，意即「白水」，卷六作「阿速」。舒，
滿洲語讀如"šu"，意即「文」，卷三十一作「須」。蘇

嚕克，蒙古語讀如"suruk"，意即「牧羣」，卷三十一作「速魯」。實喇，蒙古語讀如"sira"，意即「黃色」，卷三十一作「兮臘」，又作「奚烈」。齊哩克，蒙古語讀如"cirik"，意即「兵」，卷三十一作「鑷里」。

帕克，唐古特語讀如"pak"，意即「聖」，卷三十一作「滂」。特哩台，蒙古語讀如"teritai"，意即「整齊」，卷三十一作「迷里特」。浩沁，蒙古語讀如"haocin"，意即「舊」，卷三十一作「毫兀真」。納沁諾色爾，蒙古語「納沁」讀如"nacin"，意即「海青」，「諾色爾」讀如"nūser"，意即「笨」，卷三十一作「拏兀真女室」。努爾特哩台，蒙古語「努爾」讀如"nur"，意即「面」、「臉」，「特哩台」讀如"teritai"，意即「整齊」，卷三十一作「女特里特」。尼格巴爾，蒙古語「尼格」讀如"nige"，意即「一數」，「巴爾」讀如"bar"，意即「虎」，卷三十一作「女古滂」。呼都克，蒙古語讀如"hūduk"，意即「井」，卷三十一作「鶻篤骨」。阿蘇，滿洲語讀如"asu"，意即「網」，卷三十一作「阿厮」。頁嚕，滿洲語讀如"yeru"，意即「獸穴」，卷三十一作「耶魯」。超，蒙古語讀如"coo"，意即「有名」，卷三十一作「嘲」。伊都，滿洲語讀如"idu"，意即「班次」，卷三十一作「與敦」，又作「預墩」。薩蘭，蒙古語讀如"saran"，意即「月」，卷三十三作「轄懶」。烏納巴，滿洲語讀如"una ba"，意即「枸杞地方」，卷三十三作「斡納撥」。烏訥爾，蒙古語讀如"uner"，意即「真」，卷三十三作「斡納阿剌」。阿勒坦，蒙古語讀如"altan"，意即「金」，卷三十三作「阿里答」。裕珠，讀

如"ioiju"，無解義，卷三十三作「欲主」。哲爾吉，滿洲語讀如"jergi"，意即「品級」，卷三十三作「哲里只」。塔喇，讀如"tara"，卷三十三作「塌里」。察喇，滿洲語讀如"cara"，意即「注酒器」、「酒海」，卷三十三作「察里」。托卜，滿洲語讀如"tob"，意即「正」，卷三十三作「托不」。密古，唐古特語讀如"mi gu"，意即「身人」，卷三十三作「蔑孤」。鄂勒歡，滿洲語讀如"olhon"，意即「乾濕之乾」，卷三十三作「甌昆」。伊實巴勒，唐古特語「伊實」讀如"isi"，意即「智慧」，「巴勒」讀如"bal"，意即「威」，卷三十三作「乙習本」。色勒必，滿洲語讀如"selbi"，意即「槳」，划子，卷三十三作「撒里必」。

　　塔魯，索倫語讀如"talu"，意即「樺皮」，卷三十三作「帖魯」。卓羅，索倫語讀如"jolo"，意即「石」，卷三十三作「啜勒」。蘇庫，滿洲語讀如"suku"，意即「皮革」，卷三十三作「速古」。塔納，滿洲語讀如"tana"，意即「東珠」，卷三十三作「脿你」。實爾圖，蒙古語讀如"sirtu"，意即「有漆」，卷三十三作「旭特」。約囉，滿洲語讀如"yoro"，意即「響箭」，卷三十三作「悅里」，又作「遙里」。赫伯，滿洲語讀如"hebe"，意即「商議」，卷三十一作「合不」。達薩，滿洲語讀如"dasa"，意即「令其治」，卷三十一作「撻撒」。默音，滿洲語讀如"meyen"，意即「隊伍之隊」，卷三十一作「慢押」。呼沁，滿洲語讀如"hūcin"，意即「井」，卷三十一作「虎池」。茂，滿洲語讀如"moo"，意即「樹木」，卷三十一作「抹」。烏，蒙古語讀如"u"，意即「飲」，卷三十一

作「毋」。哈喇齊，蒙古語讀如"haraci"，意即「瞭望人」，卷三十一作「合李只」，又作「合至直」，又作「合里直」，又作「合里只」。實壘，蒙古語讀如"siroi"，意即「土」，卷三十一作「迹壘」。錫呼，蒙古語讀如"sire"，意即「床」，卷三一作「吸烈」。必老，蒙古語讀作"birao"，意即「二歲牛」，卷三十一作「逼里」。

塔瑪，索倫語讀如"tama"，意即「行圍收合」，卷三十一作「潭馬」。綽卜，滿洲語讀如"cob"，意即「凡物高出之貌」，卷三十一作「朔不」。伊呼濟，蒙古語讀如"ireji"，意即「已來」，卷三十一作「耶里直」。伊埒烏頁，蒙古語「伊埒」讀如"ile"，意即「明顯」，「烏頁」讀如"uye"，意即「世代」，卷三十一作「耶魯兀也」。罕扎，滿洲語讀如"hanja"，意即「廉」，卷三十一作「渾只」。茂古庫德，蒙古語「茂古」讀如"maogū"，意即「不善」，「庫德」讀如"kude"，意即「野外」，卷三十一作「抹骨古等」。鄂摩，滿洲語讀如"omo"，意即「池」，卷三十一作「兀沒」。威哈喇齊，蒙古語「威」，讀如"oi"，意即「叢林」，「哈喇齊」讀如"haraci"，意即「瞭望人」，卷三十一作「埃合里直」。瑪雅喀，滿洲語讀如"mayaka"，意即「已消滅」，卷三十一作「蠻雅葛」。特默，蒙古語讀如"teme"，意即「駱駝」，卷三十一作「特末」。烏頁，蒙古語讀如"uye"，意即「世代」，卷三十一作「烏也」。穆爾哈喇齊，蒙古語「穆爾」讀如"mur"，意即「踪跡」，「哈喇齊」意即「瞭望人」，卷三十一作「滅合里直」。伊里，滿洲語讀如"ili"，意即「令其立」，卷三十一作「耶里」。錫伯，

滿洲語讀如"sibe"，意即「柵」、「菙草」，卷三十一作「歇不」。伊德，蒙古語讀如"ide"，意即「食」，卷三十一作「乙抵」。

　　旺，唐古特語讀如"wang"，意即「權」，卷三十一作「翁」。阿雅，索倫語讀如"aya"，意即「好」，卷三十一作「埃也」。薩巴，蒙古語讀如"saba"，意即「器皿」，卷三十一作「撒把」。薩，滿洲語讀如"sa"，意即「玉草」、「麻草」，卷三十一作「廝阿」。扎里，滿洲語讀如"jali"，意即「茅藤子」，卷三十一作「糺里」。敖拉，蒙古語讀如"aola"，意即「山」，卷三十一作「歐烈」。薩布，滿洲語讀如"sabu"，意即「鞋」，卷三十一作「撒不」。哈里，滿洲語讀如"hali"，意即「有水寬甸處」，卷三十一作「曷烈」。阿嚕威，蒙古語讀如"aru oi"，意即「山陰叢林」，卷三十一作「阿魯斡」。克哩頁，蒙古語讀如"keriye"，意即「烏鴉」，卷三十一作「合里也」。呼圖克，蒙古語讀如"hūtuk"，意即「福」，卷三十一作「鶻突」。達喇，梵語讀如"dara"，意即「救渡」，卷三十一作「敵剌」。

　　穆喇斡，唐古特語讀如"murawa"，意即「言之」，卷三十一作「謀魯斡」，又作「謀魯盌」。圖嚕拉，滿洲語讀如"turula"，意即「令其倡率」，卷三十一作「奪里剌」。伊遜，蒙古語讀如"isun"，意即「九」，卷三十一作「乙辛」。錫里濟，蒙古語讀如「已選拔」，卷三十一作「奚烈直」。珊，滿洲語讀如"šan"，意即「耳」，卷三十一作「膻」。吉勒展，滿洲語讀如"giljan"意即「恕」，卷三十一作「糾里闡」。蘇爾展，蒙古語「蘇爾」

讀如"sur"，意即「威」，「展」，讀如"jan"，意即「象」，卷三十一作「速疊軫」。格密，唐古特語讀如"ge mi"，意即「福人」，卷三十一作「隔蔑」。布木，蒙古語讀如"bum"，意即「億」，卷三十一作「不木」。唐古，讀如"tanggū"，卷三十一作「唐括」。圖格，索倫語讀如"tuge"，意即「冬」，卷三十一作「吐谷」。伯爾克圖，蒙古語讀如"berketu"，意即「險峻」，卷三十一作「百爾爪戌」。和掄布展，滿洲語「和掄」讀如"horon"，意即「威」，「布展」讀如"bujan"，意即「平地樹林」，卷三十一作「合魯不只」。伊綿布展，滿洲語讀如"imiyan bujan"，意即「集聚平地樹林」，卷三十一作「移馬不只」。青達，蒙古語讀如"cingda"，意即「結實」，卷三十一作「清帶」。索雲，滿洲語讀如"soyon"，意即「馬膽」，卷三十一作「速穩」。

格斯齊，蒙古語讀如"gesci"，意即「凍化之化」，卷三十一作「紇斯直」。莽阿，滿洲語讀如"mangga"，意即「剛強」，卷三十一作「蠻葛」。濟里，讀如"jili"，卷三十一作「厥里」，又作「決里」。塔瑪圖，蒙古語「塔瑪」讀如"tama"，意即「行圍收合」，「圖」讀如"tu"，意即「有」，卷三十一作「潭馬戌」。楚勒罕，滿洲語讀如"culgan"，意即「盟長之盟」，卷三十一作「出懶」。薩哈廉溫，滿洲語讀如"sahaliyan on"，意即「黑色道路」，卷三十一作「速忽魯椀」。達勒達，滿洲語讀如"dalda"，意即「遮蔽」，卷三十一作「牒里得」。伊瑪，蒙古語讀如"ima"，意即「山羊」，卷三十一作「閣馬」。德勒岱，蒙古語讀如"deldai"，意即「有鬃」，卷

三十一作「迭里特」。哈達阿林刷沃濟，滿洲語「哈達」讀
如“hada”，意即「山峯」，「阿林」讀如“alin”，意即
「山」，「刷」讀如“šuwa”，意即「山後樹林」，「沃
濟」讀如“weji”，意即「叢林」，卷三十一作「渾得移鄰
稍瓦只」。哈克繖必賚達勒拜刷沃濟，滿洲語「哈克繖」
讀如“haksan”，意即「險峻」，「必賚」讀如“birai”，
意即「河」，「達勒拜」讀如“dalbai”，意即「傍邊」，
「刷」讀如“šuwa”，意即「山後樹林」，「沃濟」，讀如
“weji”，意即「叢林」，卷三十一作「合四卑臘因鐵里卑
稍只」。

　　圖嚕勒奇，蒙古語讀如“turulki”，意即「生性」，
卷三十一作「奪羅果只」。納噶特齊，蒙古語讀如
“nagatci”，意即「已戲笑」，卷三十一作「拏葛只」。
博勒和庫們，滿洲語「博勒和」讀如“bolgo”，意即
「清」，「庫們」讀如“kumun” 意即「樂」，卷三十一
作「婆渾昆母溫」。阿嚕音達巴，蒙古語讀如“aru yen
daba”，意即「山陰嶺」，卷三十一作「阿魯埃得本」。
錫勒們，滿洲語讀如“silmen”，意即「鸇」，又稱「雀
鷹」，卷三十一作「厮里門」。達爾扎，唐古特語讀如
“darja”，意即「開廣」，卷三十一作「牒得只」，又作
「牒得直」。瑪朗古，滿洲語讀如“malanggū”，意即「芝
蔴」，卷三十一作「滅母鄰母」。穆克德珂鄂摩，滿洲語
讀如“mukdeke omo”，意即「已興盛池」，卷三十一作
「抹骨登兀沒滅」。特默齊鄂蘭，蒙古語「特默齊」讀如
“temeci”，意即「牧駝人」，「鄂蘭」讀如“olan”，意
即「眾多」，卷三十一作「土木直移鄰」。摩該都爾蘇，蒙

古語「摩該」讀如 "mogai"，意即「蛇」，「都爾蘇」讀
如 "dursu"，意即「體勢」，卷三十一作「莫瑰奪石」。
額穆吉林刷沃濟，滿洲語讀如 "emu girin šuwa weji"，意
即「一帶山後樹林叢林」，卷三十一作「尼母曷烈因稍瓦
直」。察罕穆爾達巴，蒙古語「察罕」讀如 "cagan"，
意即「白色」，「穆爾」讀如 "mur"，意即「踪跡」，
「達巴」讀如 "daba"，意即「嶺」，卷三十一作「察改
因麻不得」。伊奇哩沃濟，滿洲語讀如 "ikiri weji"，意即
「一連叢林」，卷三十一作「移失鄰幹直」。色克布展，
滿洲語「色克」讀如 "seke"，意即「貂鼠」，「布展」
讀如 "bujan"，意即「平地樹林」，卷三十一作「辛古
不直」。薩哈勒濟，滿洲語讀如 "sahalji"，意即「黑貂
皮」，卷三十一作「薩改真」。伊克扎木，蒙古語「伊克」
讀如 "ike"，意即「大」，「扎木」讀如 "jam"，意即
「道路」，卷三十一作「牙葛直」。呼遜阿林，滿洲語「呼
遜」讀如 "hūsun"，意即「力」，「阿林」讀如 "alin"，
意即「山」，卷三十一作「虎狨阿里鄰」。布琨，滿洲語
讀如 "bukūn"，源自回鶻語 "böken"，意即「羚羊」，卷
三十一作「潑昆」。扎蘭，滿洲語讀如 "jalan"，意即「世
代」，卷三十一作「聞獵」。徹辰郭勒，蒙古語「徹辰」讀
如 "cecen"，與 "sečen" 同義，意即「聰明」，「郭勒」
讀如 "gool"，意即「河」，卷三十一作「楚兀真果鄰」。

　　敖拉森濟實壘，蒙古語「敖拉」讀如 "aola"，意即
「山」，「森濟」讀如 "senji"，意即「鐘鈕」、「把
手」，「實壘」讀如 "siroi"，意即「土」，卷三十一作
「阿里廝真迷壘」。伊勒敦刷沃濟，滿洲語讀如 "ildun

šuwa weji"，意即「順便山後樹林叢林」，卷三十一作「預篤溫梢瓦直」。伊蘭伊勒都堪阿拉，滿洲語「伊蘭」讀如"ilan"，意即「三」，「伊勒都堪」讀如"ildukan"，意即「略覺順便」，「阿拉」讀如"ala"，意即「平矮山」，卷三十一作「賃預篤溫一臘」。瑚琨·滿洲語讀如"hukun"，意即「糞土」，卷三十一作「虎溫」。袞，蒙古語讀如"gun"，意即「深」，卷三十一作「孤溫」。色呼森，蒙古語讀如"seresen"，意即「知覺」，卷三十一作「撒里僧」。阿掄哈斯郭勒，蒙古語「阿掄」讀如"arun"，意即「潔淨」，「哈斯」讀如"has"，意即「玉」，「郭勒」讀如"gool"，意即「河」，卷三十一作「阿里葛斯過鄰」。特哩袞齊哩克，蒙古語「特哩袞」讀如"terigun"，意即「為首」，「齊哩克」讀如"cirik"，意即「兵」，卷三十一作「鐵里乖穩鑭里」。伊錫布展，滿洲語「伊錫」讀如"isi"，意即「落葉松」，「布展」讀如"bujan"，意即「平地樹林」，卷三十一作「乙辛不只」。特古斯琨，蒙古語「特古斯」讀如"tegus"，意即「全」，「琨」讀如"kun"，意即「人」，卷三十一作「鐵乖溫」。綽哈，滿洲語讀如"cooha"，意即「兵」，卷三十一作「嘲瑰」。哈拉繖錫庫爾齊，蒙古語「哈拉繖」讀如"halasan"，意即「已更換」，「錫庫爾齊」讀如"sikurci"，意即「執繖人」，卷三十一作「合魯山血古只」。多托喇班錫庫爾齊，蒙古語讀如"dotoraban sikurci"，意即「內執繖人」，卷三十一作「奪忒排登血古只」。

　　魯庫，滿洲語讀如"luku"，意即「草木厚密」，卷

三十一作「勞骨」。希斯，滿洲語讀如 "hisy"，意即「山傍險峻處」，卷三十一作「虛沙」。都林，滿洲語讀如 "dulin"，意即「一半」，卷三十一作「土鄰」。額勒本，滿洲語讀如 "elben"，意即「茅草」，卷三十一作「歐里本」。雅蘇，蒙古語讀如 "yasu"，意即「骨」，卷三十一作「燕斯」。默色，蒙古語讀如 "mese"，意即「器械」，卷四十一作「緬四」。伊繖，滿洲語讀如 "isan"，意即「集聚」，卷三十一作「乙僧」。額森德勒，蒙古語「額森」讀如 "esen"，意即「平安」，「德勒」讀如 "del"，意即「衣服」、「蒙古袍」，卷三十一作「斡奢德里」。特們，滿洲語讀如 "temen"，意即「駝」，卷三十一作「特滿」。庫爾都哩，蒙古語「庫爾」讀如 "kur"，意即「凍雪漫草上」，「都哩」讀如 "duri"，意即「形像」，卷三十一作「奎剌土鄰」。額埒蘇穆爾，蒙古語「額埒蘇」讀如 "elesu"，意即「沙」，「穆爾」讀如 "mur"，意即「踪跡」，卷三十一作「阿里廝迷里」。伊納克，蒙古語讀如 "inak"，意即「親熱」，卷三十一作「伊輦」。武都溫，滿洲語讀如 "uduwen"，意即「公貔」，卷三十一作「斡篤盌」。

　　伊特丹，唐古特語讀如 "it dan"，意即「心誠實」，卷三十一作「移典」。雲，滿洲語讀如 "yun"，意即「車轍」，卷三十一作「悅」。布圖巴，滿洲語讀如 "butuba"，意即「幽闇地方」，卷三十一作「勃得本」。特默茂海，蒙古語「特默」讀如 "teme"，意即「駱駝」，「茂海」讀如 "moohai"，意即「不善」，卷三十一作「潭馬沫乖」。婁實克，蒙古語「婁」讀如 "luo"，意即「龍」，

「實克」讀如“sik”，意即「相似」，卷三十一作「柳實」。舒蘇，滿洲語讀如“šusu”，意即「廩給」，卷三十一作「守狨」。錫庫爾齊，蒙古語讀如“sikurci”，意即「執繡人」，卷三十一作「穴骨只」。赫貝巴納，滿洲語「赫貝」讀如“hebei”，意即「商議」，「巴納」讀如“bana”，意即「地方」，卷三十一作「合不頻尼」。呼魯蘇，蒙古語讀如“hūlusu”，意即「蘆葦」，卷三十一作「虎里狨」。濟沙實克，蒙古語「濟沙」讀如“jiša”，意即「班次」，「實克」讀如“sik”，意即「相似」，卷三十一作「只狹室」。賽音令公，滿洲語「賽音」讀如“sain”，意即「好」，「令公」讀如“ling gung”，意即「官名」，卷三十一作「僧隱令公」。古卜齊默爾根巴納，滿洲語「古卜齊」讀如“gubci”，意即「普遍」，「默爾根」讀如“mergen”，意即「賢」，「巴納」讀如“ba na”，意即「地方」，卷三十一作「合不直迷里几頻你」。達爾罕太保果齊喀，滿洲語「達爾罕」讀如“dargan”，意即「凡有勤勞免其差役」，「太保」讀如“taiboo”，意即「官名」，「果齊喀」讀如“gocika”，意即「親隨」，卷三十一作「牒耳葛太保果直」。卦安巴果齊喀，滿洲語「卦」讀如“gūwa”，意即「別」，「安巴」讀如“amba”，意即「大」，「果齊喀」讀如“gocika”，意即「親隨」，卷三十一作「瓜里阿本果直」。羅和令公果齊喀，滿洲語「羅和」讀如“loho”，意即「腰刀」，「令公」讀如“ling gung”，意即「官名」，「果齊喀」讀如“gocika”，意即「親隨」，卷三十一作「老昆令公果直」。

達林巴納，滿洲語「達林」讀如“dalin”，意即

「岸」，「巴納」讀如 "ba na"，意即「地方」，卷三十一作「達鄰頻你」。和掄巴納，滿洲語「和掄」讀如 "horon"，意即「威」，「巴納」讀如 "ba na"，意即「地方」，卷三十一作「和里頻你」。卦安巴覺禪，滿洲語讀如 "gūwa amba giyoocan"，意即「別的大教場」，卷三十一作「瓜阿不厥貞」。鼐爾都爾蘇，蒙古語「鼐爾」讀如 "nair"，意即「和」，「都爾蘇」讀如 "dursu"，意即「形像」，卷三十一作「粘獨里僧」。保達古魯克齊，蒙古語讀如 "boodagūlukci"，意即「打鳥鎗人」，卷三十一作「袍達夫人厥只」。聶呼巴納，滿洲語讀如 "niyere ba na"，意即「單弱地方」，卷三十一作「聶里蘋你」。達蘭巴納，滿洲語讀如 "dalan ba na"，意即「河堤地方」，卷三十一作「打里頻你」。伊喇，讀如 "ira"，卷三作「拽剌」。摩哩，蒙古語讀如 "mori"，意即「馬」，卷三作「墨離」。呼喇繖，蒙古語讀如 "hūrasan"，意即「已集聚」，卷三十作「忽兒珊」。

軍名，舒新，滿洲語讀如 "šusin"，意即「鐵鑿」，卷三十一作「屬珊」。瑪達，滿洲語讀如 "mada"，意即「令生息」，卷三十五作「麻答」。烏雅，讀如 "uya"，卷三十五作「五押」。特哩，蒙古語讀如 "teri"，意即「整齊」，卷四十六作「鐵林」。錫里，蒙古語讀如 "sili"，意即「選拔」，卷四十六作「舍利」。特們，滿洲語讀如 "temen"，意即「駝」，卷四十六作「特滿」。德呼，蒙古語讀如 "dere"，意即「上」，卷四十六作「敵烈」。華喇，滿洲語讀如 "hūwara"，意即「鐵銼」，卷四十六作「滑里」。尼格，蒙古語讀如 "nige"，意即「一」，卷

四十六作「涅哥」。鈕祜祿，讀如"niohuru"，卷四十六作「女古烈」。丕勒貝，唐古特語讀如"pil bui"，意即「孳生香」，卷四十六作「頻必」。淵，滿洲語讀如"yuwan"，意即「硯」，卷四十六作「怨」。舒嚕，滿洲語讀如"šuru"，意即「珊瑚」，卷四十六作「述律」。約囉，滿洲語讀如"yoro"，意即「響箭」，卷四十六作「遙里」。布魁，蒙古語讀如"bukui"，意即「有」，卷十八作「布猥」。昭，蒙古語讀如"joo"，意即「百」，卷三十三作「爪」。

　　遼朝宮衛鄂爾多（ordo），包括：呼遜鄂爾多（hūsun ordo），意即「力亭」；蘇斡延鄂爾多（sywayan ordo），意即「黃色亭」；毂烏寧鄂爾多（geo uniyen ordo），意即「騍馬乳牛亭」；沽依鄂爾多（gu i ordo），意即「玉亭」；伊囉斡鄂爾多（irowa ordo），意即「吉兆亭」；富僧額鄂爾多（fusengge ordo），意即「孳生亭」；岱拉哈鄂爾多（dailaha ordo），意即「已征討之亭」；嘉們鄂爾多（giyamun ordo），意即「驛站亭」；孟古鄂爾多（mūnggu ordo），意即「銀亭」；阿敦鄂爾多（adun ordo），意即「牧羣亭」；阿果鄂爾多（agoo ordo），意即「寬亭」；阿掄鄂爾多（arun ordo），意即「潔淨亭」；學順德哩本鄂爾多（hiyoušun deribun ordo），意即「孝始亭」。

　　宮衛色彩，常見的是哈喇（hara），蒙古語意即「黑色」；薩哈廉（sahaliyan），滿洲語意即「黑色」；阿克（ak），回語意即「白色」；實喇（sira），蒙古語意即「黃色」。

　　宮衛、軍名多以山林草木鳥獸為名。敖拉（aola），

蒙古語意即「山」。茂（moo），滿洲語意即「樹木」。塔魯（talu），索倫語意即「樺皮」。哈達（hada），滿洲語意即「山峯」。阿林（alin），滿洲語意即「山」。刷（šuwa），滿洲語意即「山後樹林」。沃濟（weji），滿洲語意即「叢林」。阿嚕音達巴（aru yen daba），蒙古語意即「山陰嶺」。希斯（hisy），滿洲語意即「山傍險峻處」。魯庫（luku），滿洲語意即「草木厚密」。額勒本（elben），滿洲語意即「茅草」。呼魯蘇（hūlusu），蒙古語意即「蘆葦」。烏納（una），滿洲語意即「枸杞」。呼都克（hūduk），蒙古語意即「井」。呼沁（hūcin），滿洲語意即「井」。鄂摩（omo），滿洲語意即「池」。瑪朗古（malanggū），滿洲語意即「芝麻」。納沁（nacin），蒙古語意即「海青」。克哩頁（keriye），蒙古語意即「烏鴉」。錫勒們（silmen），滿洲語意即「鸇」，「雀鷹」。婁（luo），蒙古語意即「龍」。特默（teme），蒙古語意即「駱駝」。特們（temen），滿洲語意即「駝」。摩哩（mori），蒙古語意即「馬」。伊瑪（ima），蒙古語意即「山羊」。布琨（bukūn），滿洲語意即「羚羊」。色克（seke），滿洲語意即「貂鼠」。薩哈勒濟（sahalji），滿洲語意即「黑貂皮」。必老（birao），蒙古語意即「二歲牛」。馭（geo），滿洲語意即「騍馬」。烏寧（uniyen），滿洲語意即「乳牛」。武都温（uduwen），滿洲語意即「公貛」。摩該（mogai），蒙古語意即「蛇」。

　　宮衛軍名亦以生活物品為名，德里（deli），滿洲語意即「盤石」。阿勒坦（altan），蒙古語意即「金」。卓羅（jolo），索倫語意即「石」。塔納（tana），滿洲

語意即「東珠」。薩布（sabu），滿洲語意即「鞋」。哈斯（has），蒙古語意即「玉」。淵（yuwan），滿洲語意即「硯」。舒嚕（šuru），滿洲語意即「珊瑚」。約囉（yoro），滿洲語意即「響箭」。

宮衛軍名亦以數字為名，尼格（nige），蒙古語意即「一」。伊蘭（ilan），滿洲語意即「三」。伊遜（isun），蒙古語意即「九」。昭（joo），蒙古語意即「百」。布木（bum），蒙古語意即「億」。

欽定四庫全書

欽定遼史語解卷三

義例

一倫語為本語解內但釋
地名官名人名無解義者俱以今
不複注索倫語其中姓氏
頭姓氏通譜官名政字面

部族

按遼營衞志部落曰部氏族曰族有
部族部有族者將呼特默買保咍準之類是也有
部者㑹次以族別於前若部落則按卷編次不複注
曰部名屬國則注國名以別之其有部族屬國
一曰表以見姤姆博狸咎斯罕之類各隨其所
則而稱非必與地也
今則焦注以備考數

欽定遼史語解
卷三
一

三、《欽定遼史語解》部族

　　《遼史・營衛志》謂部落曰部，氏族曰族。其中有部而無族者，同樣亦有族而無部者。語解中以氏族列於前，其部落則按卷編次，不複注部名，屬國則注國名，以別之。其有部族屬國二表互見者，則各隨其所見而稱，兼注以備考覈。遼以索倫語為本，語解內但釋解義，不複注索倫語。其滿洲語、蒙古語、唐古特語，則逐一注明。蒙古部名烏梁海（uriyanghai），卷一作「喎娘改，係部名」，卷六又作「斡朗改」係國名。敖拉（aola），卷十三作「奧理」，係部名，卷四十六又作「襖里」，係國名，類似例，不勝枚舉。

《欽定遼史語解・部族》滿漢對照表

順次	滿洲語	漢　字	羅馬拼音	詞　義
1		耶　律	ye lioi	遼國姓
2		約　尼	yooni	
3		舒　嚕	šuru	
4		巴古濟	bagūji	蒙古語，已下降

順次	滿洲語	漢　字	羅馬拼音	詞　義
5		舒　敏	šumin	深
6		伊　蘇 濟　勒	isu jil	蒙古語， 九年
7		巴　哩	bari	
8		達呼哩	dahūri	
9		錫　里	sili	蒙古語， 選拔
10		布　威	bu ui	唐古特語， 子中
11		德　呼	dere	蒙古語， 上
12		裕爾庫	yurku	
13		烏爾古	urgū	蒙古語， 孳生
14		畢沙叙	bi ša sioi	
15		伊　濟	iji	蒙古語， 部

順次	滿洲語	漢　字	羅馬拼音	詞　　義
16		托　歡	tohon	蒙古語， 釜
17		烏梁海	uriyanghai	蒙古部名
18		庫　濟	kuji	蒙古語， 香
19		扎嚕特	jarut	
20		趙黙特	coomot	
21		錫爾丹	sirdan	梅針箭
22		珠巴克	jubak	蒙古語， 流水窟
23		裕庫呼	yukure	
24		伊　實	isi	唐古特語， 智慧
25		穆呼爾	muhūr	蒙古語， 磨去稜角
26		準　布	jombu	提撕

順次	滿洲語	漢　字	羅馬拼音	詞　　義
27		卓　特	jot	
28		達寧額	da ningge	原有
29		托　輝	tohoi	蒙古語，河灣
30		索歡納	sohon na	微黃地
31		達羅克	darok	
32		森　濟	senji	蒙古語，鐘鈕
33		圖魯卜	tulub	蒙古語，形像
34		布古德	bugude	蒙古語，總
35		達魯特	dalut	
36		哈噶斯	hagas	蒙古語，一半
37		呼哩	hūri	松子

順次	滿洲語	漢　字	羅馬拼音	詞　義
38		阿　爾 斯　蘭	arslan	蒙古語， 獅子
39		圖魯木	tulum	渡水皮 混沌
40		阿勒達	alda	蒙古語， 庹
41		錫爾固 勒濟	sirgūlji	蒙古語， 蟻
42		埒里	leli	寬廠
43		彭布	pengbu	唐古特語， 集聚
44		托果	togo	蒙古語， 鍋
45		納喇	nara	
46		威	oi	蒙古語， 樹林
47		托　克 托　呼	toktohū	蒙古語， 定
48		蘇色	suse	潦草

順次	滿洲語	漢　字	羅馬拼音	詞　義
49		楚庫勒	cukul	
50		紳穆哩	šenmuri	
51		約羅	yoro	響箭
52		烏庫哩	ukuri	
53		達巴	daba	蒙古語，嶺
54		華喇	hūwara	鐵銼
55		珠卜奇	jubki	洲
56		薩里	sali	蒙古語，地弩
57		本布	bumbu	蒙古語，道士
58		克呼克	kerek	蒙古語，事
59		德里元	deli yuwan	盤石硯

順次	滿洲語	漢 字	羅馬拼音	詞 義
60		迪 錦	digin	四
61		迪 里	dili	頭
62		哲 琳	jerin	邊
63		珠 嚕	juru	
64		轄 哩	hiyari	斜眼
65		德 勒 賓	delbin	帽沿
66		烏 舍	uše	皮條
67		敖 拉	aola	
68		瑪 展	majan	長披箭
69		鄂 羅 木	olom	蒙古語，津
70		伊 埒 圖	iletu	明顯
71		伊 哷 庫	ireku	蒙古語，來
72		富 珠 哩	fujuri	

順次	滿洲語	漢　字	羅馬拼音	詞　義
73		博和哩	bohori	
74		哈斯罕	hashan	籬
75		哈　坦	hatan	暴燥
76		額勒敏	elmin	未搭鞍之馬
77		薩瑪爾	sa mar	唐古特語，地紅色
78		丕　勒	pil	唐古特語，敷衍
79		佛　寧	feniyen	羣
80		烏　里	uli	弓弦
81		永安納	yonggan na	沙地
82		輝　發	hoifa	部名
83		塔　斯	tas	蒙古語，性烈

順次	滿洲語	漢　字	羅馬拼音	詞　義
84		博 囉 達 勒 滿 勒	boro mandal	蒙古語，青色壇城
85		葉 穆	yemu	
86		尼 瑪 齊	nimaci	山羊皮
87		拉 卓 卜	lajob	唐古特語，天保
88		斡 魯	walu	癧疽
89		頁 穩	ye un	唐古特語，左前
90		徹 木 袞	cemgūn	
91		圖 伯 特	tubet	唐古特
92		伯 哩	beri	弓
93		博 索 摩	boso moo	山陰樹木

順次	滿洲語	漢 字	羅馬拼音	詞 義
94		孟 古	mūnggu	蒙古語，銀
95		武 都 溫	uduwen	公貔
96		威 烏 爾 古	oi urgū	蒙古語，樹木孳生
97		蒙 古	monggo	蒙古人
98		提 克 德	tikde	連陰
99		達 勒 達	dalda	遮蔽
100		巴 雅 爾 布 琳	bayar burin	蒙古語，喜全
101		通 古	tunggu	淵
102		和 克	hok	蒙古語，產業
103		布 格	būge	蒙古語，巫

順次	滿洲語	漢　字	羅馬拼音	詞　義
104		敏達蘇	mindasu	蒙古語，絲棉
105		魯克都	lukdu	草木茂盛
106		察察哩	cacari	涼棚
107		和囉噶	horoga	蒙古語，院
108		額特爾格	et ger	蒙古語，財帛房屋
109		達木琳巴古	damrin ba gu	唐古特語，馬王勇身
110		默爾吉	mergi	
111		年布爾古	niyan burgu	唐古特語，妙轉身
112		阿克展	akjan	
113		赫舍哩	hešeri	

順次	滿洲語	漢　字	羅馬拼音	詞　義
114		昂吉爾	anggir	蒙古語，黃野鴨
115		約　喜	yohi	部
116		尼塔　勒喇	niltara	蒙古語，擦破
117		庫摩　德哩	kude mori	蒙古語，野外馬
118		和　卓	hojo	美好
119		博碩　克寬	bokšokon	精緻
120		呼穆蘇	hūmusu	蒙古語，指甲
121		希　達	hida	簾
122		濟勒貝	jil bui	蒙古語，年有
123		奈　曼	naiman	蒙古部名

順次	滿洲語	漢　字	羅馬拼音	詞　義
124		特　哩 特　黙	teri teme	蒙古語， 齊整駝
125		實　保	sibao	蒙古語， 禽鳥
126		哈　準	hajun	犁刀
127		圖　吉	tugi	雲
128		錫萬丹	si wan dan	
129		赫特赫	hethe	產業
130		佛佛頁	fe feye	舊窩巢
131		裕　嚕	yuru	
132		錫　琳	sirin	
133		博　恰	bokiya	蒙古語， 笨

順次	滿洲語	漢　字	羅馬拼音	詞　義
134		理	lii	
135		圖　嚕	turu	蒙古語， 為首
136		楚　布	cubu	蒙古語， 接連
137		德　濟	deji	上分
138		赫　伯	hebe	商議
139		都　呼	duhū	蒙古語， 枕骨
140		芳　阿	fangga	有法術
141		圖　勒彬	tulbin	機
142		卓　津	jojin	
143		富	fu	墻
144		達　爾扎	darja	唐古特語， 開廣
145		伊斯琿	ishun	迎面

順次	滿洲語	漢　字	羅馬拼音	詞　義
146		舍　琿	šehun	厰亮
147		諾爾威	noor oi	蒙古語，池樹林
148		頗摩	po mo	唐古特語，陰陽
149		訥古濟	neguji	蒙古語，已移徙
150		濟勒勤	jilkin	縷
151		實袞	sigun	日
152		伯特	bet	才力不及
153		美嘉	meigiya	
154		綽囉	coro	
155		巴爾斯	bars	蒙古語，虎，即巴爾
156		諾觀	nogon	蒙古語，綠色

順次	滿洲語	漢 字	羅馬拼音	詞 義
157		阿爾威	ar oi	蒙古語，花紋樹林
158		達嚕噶	daruga	蒙古語，頭目
159		納哩	nari	大母熊
160		薩拉噶	salaga	蒙古語，樹枝
161		揚結	yang giye	唐古特語，聲音開廣
162		諾延晷	noyan joo	蒙古語，官長百
163		鄂博庫	obokū	沐盆
164		布沙	buša	略添
165		巴拜	babai	蒙古語，寶
166		烏延	uyan	柔軟
167		阿雅	aya	好

順次	滿洲語	漢　字	羅馬拼音	詞　義
168		伊　德	ide	蒙古語，食
169		額圖琿	etuhun	強壯
170		達　魯	dalu	蒙古語，琵琶骨
171		珠　展	jujan	蒙古語，厚
172		默古斯	megus	蒙古語，寡
173		吉　達	gida	槍
174		鼐奇特	naikit	
175		和　拉	hola	蒙古語，遠
176		色克圖	sektu	
177		塔　瑪	tama	行圍收合
178		彭諾爾	peng nor	唐古特語，集聚財

順次	滿洲語	漢　字	羅馬拼音	詞　義
179		伊 哷 濟	ireji	蒙古語，已來
180		威 古 特	weigut	
181		溫 圖 渾	untuhun	空
182		特 爾 格	terge	蒙古語，車
183		巴 延	bayan	
184		察 濟 台	cajitai	蒙古語，有法
185		果 羅	goro	
186		扎 拉	jala	
187		秋 舒 哩	ciošuri	
188		德 哷 台	deretai	蒙古語，上
189		珠 赫	juhe	冰

順次	滿洲語	漢 字	羅馬拼音	詞 義
190		阿薩爾	asar	蒙古語，閣
191		布拉克	bulak	蒙古語，泉
192		星莽	sing mang	唐古特語，樹木多
193		繅袞	saogūn	蒙古語，坐
194		阿巴德 佛德	aba fede	打圍令 其奮勉
195		阿布雅	abuya	蒙古語，欲取
196		圖嚕古	turuguo	蒙古語，穗
197		伊特根	itegen	蒙古語，信服
198		博都哩	boduri	
199		博斯呼	boshū	蒙古語，起立

順次	滿洲語	漢 字	羅馬拼音	詞 義
200		塔 勒謙	talkiyan	電
201		實魯蘇	silusu	蒙古語，猞猁猻
202		伊奇哩	ikiri	一連
203		圖依達	tu i da	纛長
204		尼古爾	nigūr	蒙古語，面
205		約蘇鼐	yosunai	蒙古語，有理
206		羅卜科	lobko	蒙古語，淖泥
207		伯克齊	bekci	蒙古語，司墨人
208		伊楞古	ilenggu	舌
209		齊呼勒	cihūl	蒙古語，窄

順次	滿洲語	漢字	羅馬拼音	詞義
210		茂薩納	mao sana	蒙古語，不善心
211		額爾德尼	erdeni	蒙古語，寶
212		瓜爾佳呼喇巴	gūwalgiya hūraba	蒙古語，瓜爾佳已集聚
213		婁威	luo oi	蒙古語，龍樹林
214		達爾干	dargan	勤勞免役
215		塔密爾	tamir	蒙古部名
216		納蘇	nasu	蒙古語，歲數
217		圖勒錦	tulgiyen	此外
218		舒穆嚕	šumuru	

順次	滿洲語	漢　字	羅馬拼音	詞　義
219		土黙 特	tumet	
220		烏哩 特	urit	
221		摩和納	mohona	蒙古語，窮盡
222		布 木 剌 實	bum rasi	唐古特語，億吉祥

資料來源：《欽定四庫全書》，「史部」，《欽定遼史語解》，
　　　卷三。

　　按《遼史‧營衛志》記載，部落曰「部」，氏族曰
「族」。《欽定遼史語解》以氏族列於前，其部落則按卷編
次。前表所列遼朝部族名稱，共二二二個，遼朝以索倫語為
本，語解內所列族語，除索倫語以外，還含有頗多滿洲語、
蒙古語、唐古特語等。耶律（ye lioi）是遼國姓，漢字從
《遼史》卷一原文作「耶律」。約尼讀如 "yooni"，卷一
作「遙輦」。舒嚕讀如 "šuru"，從卷三、卷三十五原文，
又作「迆律」。巴古濟，蒙古語讀如 "bagūji"，意即「已
下降」，卷三十一作「蒲古只」，卷四十五又作「國名」。
舒敏，滿洲語讀如 "šumin"，意即「深」，卷三十二作
「審密」。伊蘇濟勒，蒙古語「伊蘇」讀如 "isu"，意即
「九」，「濟勒」讀如 "jil"，意即「年」，卷三十二作
「乙室己」。巴哩，讀如 "bari"，卷三十二作「拔里」。

達呼哩，讀如 "dahūri"，卷三十二作「大賀」。錫里，蒙古語讀如 "sili"，意即「選拔」，卷三十二作「世里」。

　　布威，唐古特語「布」讀如 "bu"，意即「子」，「威」讀如 "ui"，意即「中」，卷六十四作「僕隗」。德呼，蒙古語讀如 "dere"，意即「上」，卷一作「迭剌部名」，又作「迭烈」，卷三十六作「敵烈國名」。裕爾庫，讀如 "yurku"，卷一作「越兀」。烏爾古，蒙古語讀如 "urgu"，意即「孳生」，卷一作「烏古」。畢沙叙，讀如 "bi ša sioi"，卷一作「比沙狨」。伊濟，蒙古語讀如 "iji"，意即「一部書之部」，卷一作「于厥國名」，卷十八又作「越棘」。托歡，蒙古語讀如 "tohon"，意即「釜」，卷一作「吐渾國名」。烏梁海，蒙古語讀如 "uriyanghai"，是蒙古部名，卷一作「嗢娘改部名」，卷六作「斡朗改國名」。庫濟，蒙古語讀如 "kuji"，意即「香」，卷一作「庫支」，卷六十九作「古只」。扎嚕特，讀如 "jarut"，卷一作「查剌底」。超默特，讀如 "coomot"，卷一作「鋤默德」。錫爾丹，滿洲語讀如 "sirdan"，意即「梅針箭」，卷一作「斜離底國名」，卷八作「斜里底」。珠巴克，蒙古語讀如 "jubak"，意即「流水窟」，卷一作「尤不姑國名」。裕庫呼，讀如 "yukure"，卷一作「于骨里」。

　　伊實，唐古特語讀如 "isi"，意即「智慧」，卷一作「乙室」。穆呼爾，蒙古語讀如 "muhūr"，意即「凡物磨去稜角之謂」、「鈍的」，卷一作「迷骨里」。準布，滿洲語讀如 "jombu"，意即「提撕」，卷一作「阻卜國名」。卓特，讀如 "jot"，卷二作「鋤德」，卷十一作「楮

特」。達寧額，滿洲語讀如 "da ningge"，意即「原有之謂」，卷二作「大濃兀」。托輝，蒙古語讀如 "tohoi"，意即「河灣」，卷二作「墮瑰」。索歡納，滿洲語「索歡」讀如 "sohon"，意即「微黃色」，「納」讀如 "na"，意即「地」，卷二作「素昆那國名」。達囉克，讀如 "darok"，卷二作「達盧古」，卷十四作「達盧骨」，卷十六作「打魯瑰」。森濟，蒙古語讀如 "senji"，意即「鐘鈕」、「把手」，卷二作「審吉國名」。圖魯卜，蒙古語讀如 "tulub"，意即「形像」，卷三作「突呂不」，同卷又作「朵魯不」。布古德，蒙古語讀如 "bugude"，意即「總」，卷三作「鼻骨德國名」。達魯特，讀如 "dalut"，卷三作「敵烈德部名」，卷四十六作「迪烈德國名」。哈噶斯，蒙古語讀如 "hagas"，意即「一半」，卷三作「轄戛斯國名」。呼哩，滿洲語讀如 "hūri"，意即「松子」，卷三作「獲里國名」。阿爾斯蘭，蒙古語讀如 "arslan"，意即「獅子」，卷三作「阿薩蘭國名」。圖魯木，滿洲語讀如 "tulum"，意即「渡水皮混沌」，卷三作「吐魯沒」。阿勒達，蒙古語讀如 "alda"，意即「庹」，卷四作「阿离底」。錫爾固勒濟，蒙古語讀如 "sirgūlji"，意即「蟻」，卷四作「轄剌骨只部名」，卷四十六作「轄剌國只國名」。埒里，滿洲語讀如 "leli"，意即「寬廠」，卷四作「質烈國名」。

彭布，唐古特語讀如 "pengbu"，意即「集聚」，卷四作「品卑」。托果，蒙古語讀如 "togo"，意即「鍋」，卷四作「突軌」。納喇，讀如 "nara"，卷四作「涅剌」，卷六十九作「尼剌」。威，蒙古語讀如 "oi"，

意即「樹林」，卷四作「烏隗」，卷十二作「烏瀎」。托克托呼，蒙古語讀如"toktohū"，意即「定」，卷四作「徒覲古部名」，卷四十六作「國名」。蘇色，滿洲語讀如"sese"，意即「潦草」，卷四作「素撒國名」。楚庫勒，讀如"cukul"，卷四作「鋤骨里」。紳穆哩，讀如"šenmuri"，卷四作「紵沒里國名」，卷三十七作「世沒里部名」。約囉，滿洲語讀如"yoro"，意即「響箭」，卷四作「要里國名」，卷三十三作「遙里」，卷一一五作「肴里」。烏庫哩，讀如"ukuri"，卷十作「烏骨里」，卷二十五作「烏古禮」，卷三十五作「烏古刺」。

　　達巴，蒙古語讀如"daba"，意即「嶺」，卷十作「敵畢」。華喇，滿洲語讀如"hūwara"，意即「鐵銼」，卷十作「劃離」。珠卜奇，滿洲語讀如"jubki"，意即「洲」，卷十作「朮不直」。薩里，蒙古語讀如"sali"，意即「弩」，卷十作「賽里」。本布，蒙古語讀如"bumbu"，意即「道士」，卷十一作「頻不」。克呼克，蒙古語讀如"kerek"，意即「事」，卷十一作「颣列智國名」，卷四十六作「颣列留」。德里元，滿洲語讀如"deli yuwan"，意即「盤石硯」，卷十一作「迪烈于」。迪錦，索倫語讀如"digin"，意即「四」，卷十一作「諦居」。迪里，索倫語讀如"dili"，意即「頭」，卷十一作「迪离」。哲琳，滿洲語讀如"jerin"，意即「凡物之邊」，卷十二作「折立」。珠魯，讀如"juru"，卷十二作「助里」。轄哩，滿洲語讀如"hiyari"，意即「斜眼」，卷十二作「轄烈」。德勒賓，滿洲語讀如"delbin"，意即「帽沿」，卷十二作「迪离畢」。烏舍，滿洲語讀如

"uše"，意即「皮條」，卷十三作「兀惹國名」。敖拉，讀如"aola"，卷十三作「奧理部名」，卷四十六作「襖里國名」。瑪展，滿洲語讀如"majan"，意即「長披箭」，卷十三作「梅只」。

鄂羅木，蒙古語讀如"olom"，意即「津」，卷十四作「奧里米部名」，卷三十三作「國名」。伊埒圖，滿洲語讀如"iletu"，意即「明顯」，卷十四作「越里篤部名」，卷三十三作「國名」。伊哷庫，蒙古語讀如"ireku"，意即「來」，卷十四作「越里古」。富珠哩，讀如"fujuri"，卷十四作「蒲奴里部名」，卷三十六作「國名」。博和哩，讀如"bohori"，卷十四作「剖阿里部名」，卷三十三作「國名」。哈斯罕，滿洲語讀如"hashan"，意即「籬」，卷十五作「曷蘇館部名」，卷三十六作「國名」。哈坦，滿洲語讀如"hatan"，意即「暴燥」，卷十五作「曷黨」。額勒敏，滿洲語讀如"elmin"，意即「未搭鞍之馬」，卷十五作「烏迷」。

薩瑪爾，唐古特語讀如"sa mar"，意即「地紅色」，卷十五作「轄麥里」。丕勒，唐古特語讀如"pil"，意即「敷衍」、「增長」，卷十六作「品」。佛寧，滿洲語讀如"feniyen"，意即「羣」，卷十六作「蒲呢國名」，卷三十八作「拂涅」，卷四十六作「蒲泥」。烏里，滿洲語讀如"uli"，意即「弓弦」，卷十六作「烏里國名」。永安納，滿洲語讀如"yonggan na"，意即「沙地」，卷十六作「遙恩拈」。輝發，讀如"hoifa"，在吉林烏拉南，卷十六作「回跋部名」，卷三十六作「國名」。塔斯，蒙古語讀如"tas"，意即「性烈」，卷十七作「塌西」。博囉滿

達勒，蒙古語「博囉」讀如"boro"，意即「青色」，「滿達勒」讀如"mandal"，意即「壇城」，卷十七作「蒲盧毛朵部名」，卷三十六作「國名」。葉穆，讀如"yemu"，卷十七作「巖母」。尼瑪齊，滿洲語讀如"nimaci"，意即「山羊皮」，卷十八作「耶迷只」。拉卓卜，唐古特語讀如"lajob"，意即「天保」，卷十九作「撻尤不姑」。斡魯，滿洲語讀如"walu"，意即「癰疽」，卷十九原文作「斡魯」，卷六十九作「斡朵」。

　　頁穩，唐古特語讀如"ye un"，意即「左前」，卷二十作「瑤穩」。徹木衮，讀如"cemgūn"，卷二十作「嘲穩」。圖伯特，蒙古語讀如"tubet"，意即「唐古特」，卷二十作「鐵不得國名」。伯哩，滿洲語讀如"beri"，意即「弓」，卷二十作「婆離部名」，卷三十六作「頗里國名」，卷七十作「怕里」。博索摩，滿洲語讀如"boso moo"，意即「山陰樹木」，卷二十作「拔思母國名」。孟古，蒙古語讀如"mūnggu"，意即「銀」，卷二十一作「女古」。武都温，滿洲語讀如"udu wen"，意即「公貔」，卷二十二作「吾獨婉」。威烏爾古，蒙古語「威」讀如"oi"，意即「樹林」，「烏爾古」讀如"urgū"，意即「孳生」，卷二十三作「隗烏吉」。蒙古，滿洲語讀如"monggo"，意即「蒙古人」，卷二十四作「萌古」。提克德，索倫語讀如"tikde"，意即「連陰」，卷二十五作「惕德」。達勒達，滿洲語讀如"dalda"，意即「遮蔽」，卷二十五作「達里底國名」，卷三十三作「迭達」，卷四十六作「達里得」。巴雅爾布琳，蒙古語「巴雅爾」讀如"bayar"，意即「喜」，「布琳」讀如"burin"，

意即「全」，卷二十五作「排雅僕里」。通古，滿洲語讀如 "tunggu"，意即「淵」，卷二十五作「同葛」，又作「銅刮」。和克，蒙古語讀如 "hok"，意即「糞土」，語解作「產業」，訛誤，卷二十五作「虎骨」。布格，蒙古語讀如 "būge"，意即「巫」，卷二十五作「僕果」。敏達蘇，蒙古語讀如 "mindasu"，意即「絲棉」，卷二十五作「萌得思」。魯克都，滿洲語讀如 "lukdu"，意即「草木茂盛」，卷二十五作「老古得」。察察哩，滿洲語讀如 "cacari"，意即「涼棚」，卷二十五作「茶扎刺」，卷三十作「茶赤刺」。和囉噶，蒙古語讀如 "horoga"，意即「畜圈之圈」，語解作「院」，異，卷二十五作「和烈葛」。額特格爾，蒙古語「額特」讀如 "et"，意即「財帛」，「格爾」讀如 "ger"，意即「房屋」，卷二十六作「耶覩刮國名」，又作「耶都刮」。

達木琳巴古，唐古特語「達木琳」讀如 "damrin"，意即「馬王」、「馬頭明王」，「巴」讀如 "ba"，意即「勇」，「古」讀如 "gu"，意即「身」，卷二十六作「達麻里別古部名」。默爾吉，讀如 "mergi"，卷二十六作「梅里急國名」，卷三十作「密兒紀」。年布爾古，唐古特語「年」讀如 "niyan"，意即「妙」、「悅」，「布爾古」讀如 "burgu"，意即「飛身」，語解作「轉身」，異，卷二十六作「粘八葛國名」。阿克展，讀如 "akjan"，卷二十七作「阿典」。赫舍哩，讀如 "heseri"，卷二十七作「紇石烈」。昂吉爾，蒙古語讀如 "anggir"，意即「黃野鴨」，卷三十作「王紀刺」。約喜，滿洲語讀如 "yohi"，意即「一部書之部」，卷三十作「也喜」。

　　尼勒塔喇，蒙古語讀如"niltara"，意即「擦破」，卷三十作「尼剌達剌」。庫德摩哩，蒙古語「庫德」讀如"kude"，意即「野外」，「摩哩」讀如"mori"，意即「馬」，卷三十作「乖達密里」。和卓，滿洲語讀如"hojo"，意即「美好」，卷三十作「合主」，卷六十三作「紇主」。博克碩寬，滿洲語讀如"bokšokon"，意即「凡物精緻」，卷三十作「普速完」。呼穆蘇，蒙古語讀如"hūmusu"，意即「指甲」，卷三十作「忽母思部名」，卷三十六作「胡母思國名」。希達，滿洲語讀如"hida"，意即「簾」，卷三十作「奚的」。濟勒貝，蒙古語「濟勒」讀如"jil"，意即「年」，「貝」讀如"bui"，意即「有」，卷三十作「糺而畢」，卷六十九作「紀而畢」。奈曼，讀如"naiman"，蒙古部名，卷三十作「乃蠻」。特哩特默，蒙古語「特哩」讀如"teri"，意即「齊整」，「特默」讀如"teme"，意即「駝」，卷三十二作「特里特勉」。實保，蒙古語讀如"sibao"，意即「禽鳥」，卷三十二作「稍瓦部名」，卷四十六作「殊保國名」。哈準，滿洲語讀如"hajun"，意即「犁刀」，卷三十二作「葛朮」，卷三十三作「曷朮」。圖吉，滿洲語讀如"tugi"，意即「雲」，卷三十二作「突舉」。錫萬丹，讀如"si wan dan"，卷三十二作「悉萬丹」。赫特赫，滿洲語讀如"hethe"，意即「產業」，卷三十二作「何大何」。佛佛頁，滿洲語讀如"fe feye"，意即「舊窩巢」，卷三十二作「伏佛郁」。裕嚕，讀如"yuru"，卷三十二作「羽林」。錫琳，讀如"sirin"，卷三十二作「日連」。博恰，蒙古語讀如"bokiya"，意即「笨」，卷三十二作「匹絜」。理，讀如

"lii"，卷三十二作「黎」。圖嚕，蒙古語讀如 "turu"，意即「為首」，卷三十二作「吐六于」，卷三十三作「圖魯」，卷六十九作「圖盧」。楚布，蒙古語讀如 "cubu"，意即「接連」，卷三十二作「出伏」。德濟，滿洲語讀如 "deji"，意即「上分」，卷三十二作「達稽」。赫伯，滿洲語讀如 "hebe"，意即「商議」，卷三十二作「紇便」。都呼，蒙古語讀如 "duhū"，意即「枕骨」，卷三十二作「獨活」。芳阿，滿洲語讀如 "fangga"，意即「有法術」，卷三十二作「芬問」。圖勒彬，滿洲語讀如 "tulbin"，意即「機務之機」，卷三十二作「突便」。卓津，讀如 "jojin"，卷三十二作「墜斤」。富，滿洲語讀如 "fu"，意即「墻」，卷三十二作「伏」。

達爾扎，唐古特語讀如 "darja"，意即「開廣」，卷三十二作「且利皆」。伊斯琿，滿洲語讀如 "ishun"，意即「迎面」，卷三十二作「乙室活」。舍琿，滿洲語讀如 "šehun"，意即「廠亮」，卷三十二作「實活」。諾爾威，蒙古語讀如 "noor oi"，意即「池樹林」，卷三十二作「納尾」。頗摩，唐古特語讀如 "po mo"，意即「陰陽」，卷三十二作「頻沒」。訥古濟，蒙古語讀如 "neguji"，意即「已移徙」，卷三十二作「納會雞」。濟勒勤，滿洲語讀如 "jilkin"，意即「縷」，卷三十二作「集解」。實袞，索倫語讀如 "sigun"，意即「日」，卷三十二作「奚嗢」。伯特，滿洲語讀如 "bete"，意即「才力不及」，卷三十三作「伯德」。美嘉，讀如 "meigiya"，卷三十三作「梅只」。綽囉，讀如 "coro"，卷三十三作「楚里」。巴爾斯，即「巴爾」，蒙古語讀如 "bars"，

意即「虎」，卷三十三作「扒里厮」，又作「伯斯非一部」。諾觀。蒙古語讀如"nogon"，意即「綠色」，卷三十三作「拏古」。阿爾威，蒙古語讀如"ar oi"，意即「花紋樹林」，卷三十三作「奧隗」。達嚕噶，蒙古語讀如"daruga"，意即「頭目」，卷三十三作「達魯虢」。納哩，滿洲語讀如"nari"，意即「大母熊」，卷三十三作「涅離」。薩拉噶，蒙古語讀如"salaga"，意即「樹枝」，卷三十三作「撒里葛」。揚結，唐古特語讀如"yanggiye"，意即「聲音開廣」，卷三十三作「窊介」。諾延昭，蒙古語讀如"noyan joo"，意即「官長百」，卷三十三作「耨盌爪」。鄂博庫，滿洲語讀如"obokū"，意即「沐盆」、「洗臉盆」，卷三十三作「訛僕括」。布沙，滿洲語讀如"buša"，意即「略添」，卷三十三作「闥沙」。巴拜，蒙古語讀如"babai"，意即「寶」，卷三十三作「頗懮」。烏延，滿洲語讀如"uyan"，意即「柔軟」，卷三十三作「隗衍」，卷八十九作「烏衍」。阿雅，索倫語讀如"aya"，意即「好」，卷三十三作「奧衍」。伊德，蒙古語讀如"ide"，意即「食」，卷三十三作「乙典」。額圖琿，滿洲語讀如"etuhun"，意即「強壯」，卷三十三作「斡突盌」。達魯，蒙古語讀如"dalu"，意即「琵琶骨」，卷三十三作「迭魯」。珠展，蒙古語讀如"jujan"，意即「厚」，卷三十三作「尤哲」。

　　默古斯，蒙古語讀如"megus"，意即「寡少之寡」，卷三十三作「梅古悉」。吉達，滿洲語讀如"gida"，意即「槍」，卷三十三作「頡的」。鼐奇特，讀如"naikit"，卷三十三作「匿訖」。和拉，蒙古語讀如"hola"，意即

「遠」，卷三十三作「鶴剌」。色克圖，讀如 “sektu”，卷三十三作「薛特」。塔瑪，索倫語讀如 “tama”，意即「行圍收合」，卷三十三作「達馬」。彭諾爾，唐古特語「彭」讀如 “peng”，意即「集聚」，「諾爾」讀如 “nor”，意即「財」，卷三十三作「盆奴里國名」。伊哷濟，蒙古語讀如 “ireji”，意即「已來」，卷三十三作「越里吉國名」。威古特，讀如 “weigut”，卷三十三作「隗古」。溫圖渾，滿洲語讀如 “untuhun”，意即「空」，卷三十三作「五禿婉」。特爾格，蒙古語讀如 “terge”，意即「車」，卷三十三作「迭剌葛」。巴延，讀如 “bayan”，卷三十四作「背陰」。察濟台，蒙古語讀如 “cajitai”，意即「有法」，卷三十六作「查只底國名」。果囉，讀如 “goru”，卷三十七作「薰離」。扎拉，讀如 “jala”，卷四十六作「扎剌」。秋舒哩，讀如 “ciošuri”，卷四十六作「城屈里」。德哷台，蒙古語讀如 “deretai”，意即「上」，卷四十六作「迭列德國名」。珠赫，滿洲語讀如 “juhe”，意即「冰」，卷四十六作「朱灰國名」。阿薩爾，蒙古語讀如 “asar”，意即「閣」，卷四十六作「阿撒里國名」。布拉克，蒙古語讀如 “bulak”，意即「泉水」，卷四十六作「陂剌國名」。

星莽，唐古特語讀如 “sing mang”，意即「樹木多」，卷四十六作「仙門國名」。繅袞，蒙古語讀如 “saogūn”，意即「坐」，卷四十六作「噪溫國名」。阿巴佛德，滿洲語「阿巴」讀如 “aba”，意即「打圍」，「佛德」讀如 “fede”，意即「令其奮勉」，卷四十六作「阿鉢頗德國名」。阿布雅，蒙古語讀如 “abuya”，意即「欲

取」，卷四十六作「阿鉢押國名」。圖嚕古，蒙古語讀如
"turuguo"，意即「穗」，卷四十六作「徒魯古國名」。
伊特根，蒙古語讀如"itegen"，意即「信服」，卷四十六
作「夷都袞國名」。博都哩，讀如"boduri"，卷四十六
作「婆都魯」。博斯呼，蒙古語讀如"boshū"，意即「起
立」，卷四十六作「霸斯黑國名」。塔勒謙，滿洲語讀如
"talkiyan"，意即「電」，卷四十六作「達離諫國名」。實
魯蘇，蒙古語讀如"silusu"，意即「猞猁猻」，卷四十六
作「述律子國名」。伊奇哩，滿洲語讀如"ikiri"，意即
「一連」，卷四十六作「于厥里」。圖依達，滿洲語讀如
"tu i da"，意即「纛長」，卷四十六作「退欲德」。尼古
爾，蒙古語讀如"nigūr"，意即「面」，卷四十六作「涅
古」。約蘇鼐，蒙古語讀如"yosunai"，意即「有理」，卷
四十六作「遙思拈」。羅卜科，蒙古語讀如"lobko"，意
即「淖泥」，卷四十六作「盧不姑」。

　　伯克齊，蒙古語讀如"bekci"，意即「司墨人」，卷
四十六作「白可久」。伊楞古，滿洲語讀如"ilenggu"，
意即「舌」，卷四十六作「俞魯古」。齊呼勒，蒙古語
讀如"cihūl"，意即「窄」，卷四十六作「七火」。茂
薩納，蒙古語讀如"mao sana"，意即「不善之心」，卷
四十六作「蔑思乃」。額爾德尼，蒙古語讀如"erdeni"，
意即「寶」，卷四十六作「榆里底乃」。瓜爾佳呼喇巴，
「瓜爾佳」讀如"gūwalgiya"，「呼喇巴」蒙古語讀如
"hūraba"，意即「已集聚」，卷四十六作「聞古胡里
扒」。婁威，蒙古語「婁」讀如"luo"，意即「龍」，
「威」讀如"oi"，意即「樹林」，卷六十九作「姥隈」。

達爾干，滿洲語讀如 "dargan"，意即「凡有勤勞免其差役」，卷六十九作「達刺乖」。塔密爾，讀如 "tamir"，蒙古部名，卷六十九作「達密里」。納蘇，蒙古語讀如 "nasu"，意即「歲數」，卷七十作「那沙」。圖勒錦，滿洲語讀如 "tulgiyen"，意即「此外之外」，卷八十五作「陀羅斤」。舒穆嚕，讀如 "šumuru"，卷九十三作「速母縷」。土默特，讀如 "tumet"，卷九十六作「禿沒」。烏哩特，讀如 "urit"，卷一〇六作「歐里」。摩和納，蒙古語讀如 "mohona"，意即「窮盡」，卷一一〇作「蔑古乃」。布木喇實，唐古特語「布木」讀如 "bum"，意即「億」，「喇實」讀如 "rasi"，意即「吉祥」，卷一一五作「拔母來思」。

部族表中包含部名、國名，譬如：巴古濟（bagūji），是國名。德呼（dere），是部名，又是國名。伊濟（iji），是國名。托歡（tohon），是國名。烏梁海（uriyanghai），是蒙古部名，又是國名。錫爾丹（sirdan）、珠巴克（jubak）、裕庫呼（yukure）、準布（jombu）、索歡納（sohon na）、森濟（senji）、布古德（bugude）、哈噶斯（hagas）、呼哩（hūri）、阿爾斯蘭（arslan）、埒里（leli）、蘇色（suse）、約囉（yoro）、克埒克（kerek）、烏舍（uše）、佛寧（feniyen）、烏里（uli）、圖伯特（tubet）、博索摩（boso moo）、達勒達（dalda）、額特格爾（et ger）、默爾吉（mergi）、年布爾古（niyan burgu）、呼穆蘇（hūmusu）、實保（sibao）、彭諾爾（peng nor）、伊呼濟（ireji）、巴延（bayan）、察濟台（cajitai）、果囉（goro）、秋舒哩（ciošuri）、德呼

台（deretai）、珠赫（juhe）、阿薩爾（asar）、布拉克（bulak）、星莽（sing mang）、繅裒（saogūn）、阿巴佛德（aba fede）、圖嚕古（turuguo）、伊特根（itegen）、博都哩（boduri）、博斯呼（boshū）、塔勒謙（talkiyan）、實魯蘇（silusu）等都是國名。達魯特（dalut）、錫爾固勒濟（sirgūlji）、托克托呼（toktohū）、紳穆哩（šenmuri）、敖拉（aola）、鄂羅木（olom）、伊埒圖（iletu）、富珠哩（fujuri）、博和哩（bohori）、哈斯罕（hashan）、輝發（hoifa）、博囉滿達勒（boro mandal）等是部名，又是國名。

　　遼朝部族多以山川草木飛禽走獸為名，表中達巴（daba），意即「嶺」。圖吉（tugi），意即「雲」。塔勒謙（talkiyan），意即「電」。珠赫（juhe），意即「冰」。布拉克（bulak），意即「泉」。珠巴克（jubak），意即「流水窟」。托輝（tohoi），意即「河灣」。永安納（yonggan na），意即「沙地」。諾爾威（noor oi），意即「池樹木」。博索摩（boso moo），意即「山陰樹木」。星莽（sing mang），意即「樹木多」。呼哩（hūri），意即「松子」。薩拉噶（salga），意即「樹枝」。圖嚕古（turuguo），意即「穗」。實保（sibao），意即「禽鳥」。佛佛頁（fe feye），意即「舊窩巢」。婁威（luo oi），意即「龍樹林」。阿爾斯蘭（arslan），意即「獅子」。納哩（nari），意即「大母熊」。巴爾斯（bars），意即「虎」。武都溫（uduwen），意即「公貔」。特默（teme），意即「駝」。庫德摩哩（kude mori），意即「野外馬」。額勒敏（elmin），意即「未搭鞍之馬」。實魯蘇

（silusu），意即「猞猁猻」。

　　遼朝部族亦以生活器械為名，表中托歡（tohon），意即「釜」。錫爾丹（sirdan），意即「梅針箭」。約囉（yoro），意即「響箭」。瑪展（majan），意即「長披箭」。伯哩（beri），意即「弓」。烏里（uli），意即「弓弦」。吉達（gida），意即「槍」。托果（togo），意即「鍋」。特爾格（terge），意即「車」。巴拜（babai）、額爾德尼（erdeni）意即「寶」。鄂博庫（obokū），意即「沐盆」，又作「洗臉盆」。華喇（hūwara），意即「鐵銼」。薩里（sali），意即「地弩」。德里元（deli yuwan），意即「盤石硯」。德勒賓（delbin），意即「帽沿」。孟古（mūnggu），意即「銀」。

　　遼朝部族以身體部位器官為名者，亦不罕見。表中達魯（dalu），意即「琵琶骨」。伊楞古（ilenggu），意即「舌」。呼穆蘇（hūmusu），意即「指甲」。都呼（duhū），意即「枕骨」。轄哩（hiyari），亦即「斜眼」。表中所列部族亦以數目為名，伊蘇濟勒（isu jil），意即「九年」。諾延昭（noyan joo），意即「官長百數」。布木喇實（bum rasi），意即「億數吉祥」。

瓜爾佳呼喇巴

瓜爾佳從八旗姓氏通譜改正呼喇巴蒙古語巴集聚也卷四十六作閘

古胡里扒

ᠵᠠᠶᠠᠨ

鱲祷

妻威

蒙古語妻龍也威樹林也卷六十九作姥隈

ᠵᠠᠶᠠᠨ

嚕�安

達爾干

滿洲語凡有勤勞免其差役之謂卷六十九作達剌乾

ᠵᠠᠶ

嗒嗒

塔嵓爾

蒙古部名卷六十九作達嵓里

ᠵᠠᠶᠠᠨ

欽定四庫全書

欽定遼史語解　卷三

手八

欽定四庫全書

欽定遼史語解卷四

地理

按遼以索倫語為本語解內但釋
解義概不複注索倫語其中姓氏
地名官人名無解義者俱以今
地名八旗姓氏通譜官名改字面
訂之

巴爾圖

蒙古語巴爾虎也圖有也
卷一百四作扳里堵山名

阿瑪瑚

瑪古

蒙古語不善之謂卷
一百六作抹古山名

四、《欽定遼史語解》地理

遼以索倫語為本，語解內不複注索倫語，其滿洲語、蒙古語、唐古特語，則逐一注明，並釋解義。表中地理含地名、山名、淀名、河名、灤名、水名、城名、州名、坡名、嶺名、林名、峪名、岡名、溝名、關名、口名、寨名、湖名、井名、泉名、坂名、谷名、澤名等，滿洲語「哈里」（hali），係以「有水寬甸處」為地名。蒙古語「托輝」（tohoi），係以「河灣」為地名。蒙古語「巴爾斯」（bars），係以「虎」為山名。滿洲語「色克」（seke），係以「貂鼠」為山名，有助於了解遼地理的特徵。

《欽定遼史語解‧地理》滿漢對照表

順次	滿洲語	漢　字	羅馬拼音	詞　義
1		轄塔哩	hiyatari	柵欄
2		錫　林	silin	精銳
3		穆　嚕	muru	形像
4		舒伊旺 尼珠琿 溫理	šu i wang ni jugūn on	文王之道路

順次	滿洲語	漢　字	羅馬拼音	詞　義
5		烏　滿	uman	齒齦
6		阿　嚕	aru	蒙古語，山陰
7		伊　蘇 濟　勒	isu jil	蒙古語，九年
8		達　掄	darun	牛馬飲水處
9		布　扎爾	bujar	蒙古語，污穢
10		昭　圖	jootu	蒙古語，有百數
11		綽　里　特	colit	蒙古語，水地相間處
12		庫　哩	kuri	犂花色
13		實　喇	sira	蒙古語，黃色
14		阿　敦	adun	牧羣
15		扎　固	jagū	蒙古語，百數
16		伊　喇	ira	

順次	滿洲語	漢　字	羅馬拼音	詞　義
17		烏爾古	urgū	蒙古語， 孳生
18		阿勒坦 音德爾	altan yender	蒙古語， 金堦
19		呼穆蘇	hūmusu	蒙古語， 指甲
20		伊德實	idesi	蒙古語， 食物
21		約囉	yoro	響箭
22		巴爾斯	bars	蒙古語， 虎
23		烏蘭呼 實	ulan sire	蒙古語， 紅床
24		巴克實	baksi	蒙古語， 師
25		扎里	jali	茅藤子
26		色克	seke	貂鼠

順次	滿洲語	漢　字	羅馬拼音	詞　義
27		輝罕	hoihan	圍場
28		羅寧	lo ning	唐古特語，年舊
29		索囉	soro	棗
30		斡齊爾	wacir	蒙古語，金剛
31		頻布里	pin bu lii	
32		納卜齊	nabci	蒙古語，樹葉
33		哈達拉	hadala	轡
34		伊奇哩	ikiri	一連
35		繖	san	
36		尚和	šangho	蒙古語，髮髻
37		碩格	šoge	銀錁
38		穆辰	mucen	鍋

順次	滿洲語	漢　字	羅馬拼音	詞　義
39		烏　舍	uše	小皮條
40		富　瑚	fuhu	瘊
41		塔　瑪	tama	行圍收合
42		紐幹哩	niowari	綠色
43		沙　沽	ša gu	
44		呼　圖 哩　巴	hūturi ba	福地
45		特　哩	teri	蒙古語， 整齊
46		汗	han	蒙古語， 君長
47		哈　屯	hatun	蒙古語， 王妃
48		幹　拉	wala	下首
49		努克特	nukte	游牧處
50		瑪哈拉	mahala	帽

順次	滿洲語	漢　字	羅馬拼音	詞　義
51		阿　蘭	alan	樺皮
52		塔　魯	talu	樺皮
53		哈　喇	hara	蒙古語，黑色
54		塔喇噶	taraga	田
55		達　哩	dari	蒙古語，火藥
56		必　繖	bisan	澇
57		達　巴	daba	蒙古語，嶺
58		和　掄 台　布	horon taibu	威柂
59		鄂　博	obo	蒙古語，堆石祭處
60		和　爾 郭　斯	horgos	蒙古語，牲畜糞
61		茂穆克	moo muke	樹木水

順次	滿洲語	漢　字	羅馬拼音	詞　義
62		哈齊卜勒	habcil	蒙古語，關隘
63		蘇默	sume	蒙古語，廟
64		烏林	ulin	財
65		巴納登	ba na den	地方高
66		喇	ra	唐古特語，馬頭
67		尼瑪齊	nimaci	山羊皮
68		實默里	simeli	冷清
69		烏爾袞	urgun	喜
70		薩喇	sara	蒙古語，月
71		海蘭	hailan	榆樹
72		楚布	cubu	蒙古語，接連

順次	滿洲語	漢　字	羅馬拼音	詞　義
73		錫　倫	silun	猞猁猻
74		哈爾吉	hargi	湍水
75		都爾嘉	durgiya	亮星
76		拜　塔	baita	事
77		科　里 巴　延	kooli bayan	條例 富
78		薩哈巴	saha ba	小圍地方
79		呼　哩	hūri	松子
80		和　濟 格　爾	hojiger	蒙古語， 頭禿
81		納　克	nak	唐古特語， 黑色
82		圖古勒	tugūl	蒙古語， 牛犢
83		愛實拉	aisila	令幫助

順次	滿洲語	漢　字	羅馬拼音	詞　義
84		赫 呼 蘇	heresu	鹽池蒿
85		和　羅 努 克 特	holo nukte	山谷游 牧處
86		圖 埒 實	tulesi	向外
87		薩 古 雅	sagūya	蒙古語， 坐
88		錫 里 濟	siliji	蒙古語， 已選拔
89		齊 老	cilao	蒙古語， 石
90		錫 訥 蘇	sine su	蒙古語， 新奶子
91		薩 拉 納	salana	令往賑濟
92		烏 納	una	枸杞
93		達 里 庫	dalikū	屏

順次	滿洲語	漢　字	羅馬拼音	詞　義
94		彭　楚	peng cu	唐古特語，集聚水
95		沃　稜	weren	水瀾
96		科卜多	kobdo	蒙古部名
97		錫　錫 納　林	sisi narin	蒙古語，高梁精細
98		額蘇掄	esurun	蒙古語，梵天
99		額勒錦	elgiyen	豐富
100		鴻　和	hongho	蒙古語，鈴
101		歡　塔 察　拉	hūwanta cala	荒山 那邊
102		埒克塞	leksei	普裏

順次	滿洲語	漢　字	羅馬拼音	詞　義
103		薩　里	sali	蒙古語，地弩
104		昂　阿	angga	口
105		阿　爾圖 展	arjantu	蒙古語，有奶子酒
106		扎　拉	jala	蒙古語，帽纓
107		巴噶罕	bagahan	蒙古語，微小
108		塔什干	tašigan	回城名
109		奇　爾 瑪　勒	kir mal	蒙古語，斑點牲畜
110		伊　庫	ikū	屈
111		嘉　哩	giyari	令巡察
112		赫　嚕	heru	車輻

順次	滿洲語	漢　字	羅馬拼音	詞　義
113		紐賀 歡珍	niohon huwejen	淡綠屏
114		圖 俪	tur	半大豬
115		赫 辰	hecen	城
116		克囊 實嘉 克特	kesik nanggiyat	蒙古語，恩漢人
117		哈 里	hali	有水寬甸處
118		浩 里	haoli	蒙古語，條例
119		托 輝	tohoi	蒙古語，河灣
120		蘇 嚕克	suruk	蒙古語，馬羣
121		賽古 音爾 楚蘇	sain cūgursu	蒙古語，好杉木

順次	滿洲語	漢　字	羅馬拼音	詞　義
122		阿達摩	ada moo	筏木
123		博囉	boro	蒙古語，青色
124		按春	ancun	耳墜
125		魯塔	luta	蒙古語，堅執
126		巴圖	batu	蒙古語，結實
127		錫沙	siša	腰鈴
128		穆丹	mudan	彎曲
129		塔哩珠	tariju	蒙古語，耕
130		烏呼倆赫	urhuhe	已斜
131		格默勒	gemel	蒙古語，空榛子
132		塔斯	tas	蒙古語，性烈

順次	滿洲語	漢　字	羅馬拼音	詞　義
133		塔　布	tabu	蒙古語，五
134		齊　蘇	cisu	蒙古語，血
135		濟　必	jibi	蒙古語，銹
136		和　拉	hola	蒙古語，遠
137		矩　巴　哩　木	gioi ba rim	唐古特語，根本次第
138		瑪勒貝	mal bui	蒙古語，有牲畜
139		雅　里	yali	肉
140		雅俪㲯都勒斡	yarnai dulwa	唐古特語，夏居戒律
141		滿　達	manda	蒙古語，壇城
142		哈布俪	habur	蒙古語，春

順次	滿洲語	漢　字	羅馬拼音	詞　義
143		圖伯特	tubet	唐古特
144		青濟達	cing jida	蒙古語，誠槍
145		約蘇	yosu	蒙古語，理
146		格德	ge de	唐古特語，福安
147		扎蘭	jalan	世代
148		伊拉瑪	ilama	蒙古語，桑樹
149		庫庫	kuku	蒙古語，青色
150		色珍	sejen	車
151		伯哩	beri	弓
152		奇木達	kimda	易
153		和托	hoto	葫蘆
154		科綽	koco	幽僻處

順次	滿洲語	漢　字	羅馬拼音	詞　義
155		塔拉布爾噶	tala burga	野外柳條
156		諾郭蘇	nogosu	蒙古語，鴨
157		默德哩	mederi	海
158		和爾台	hortai	蒙古語，有撢靫
159		諾木沁	nomcin	蒙古語，唪經人
160		哈喇台扎拉	haratai jala	蒙古語，有黑色帽纓
161		烏蘭展	ulan jan	蒙古語，紅色象
162		伊克	ike	蒙古語，大

順次	滿洲語	漢　字	羅馬拼音	詞　義
163		庫濟 敎拉 阿林	kuji aola alin	蒙古語， 香山 山
164		布圖 舍哩	butu šeri	幽闇泉
165		和尼	honi	蒙古語， 羊
166		色勒迪	seldi	甲
167		濟蘇	jisu	蒙古語， 色
168		聶哷	niyere	單弱
169		巴恩	ba en	
170		固爾班	gūrban	蒙古語， 三
171		果勒	gool	蒙古語， 河

順次	滿洲語	漢　字	羅馬拼音	詞　義
172		德勒璸	delbin	帽沿
173		伊埒	ile	蒙古語，明顯
174		蘇拉	sula	閑散
175		博囉齊巴噶	boro cibaga	蒙古語，青色棗
176		璸都	bindu	蒙古語，圈
177		烏古爾濟	urgūji	蒙古語，已孳息
178		都哩木敎拉	durim aola	蒙古語，規模山
179		阿里	ali	令承當
180		烏里	uli	弓弦
181		蘇爾鄂博	sur obo	蒙古語，威祭處

順次	滿洲語	漢　字	羅馬拼音	詞　義
182		布　延	buyan	蒙古語，福
183		哈喇岱	haradai	蒙古語，有黑色
184		鄂爾琨	orkon	蒙古部名
185		都爾蘇	dursu	蒙古語，體勢
186		額徹濟	eceji	蒙古語，已瘦
187		薩納台	sanatai	蒙古語，有心
188		扎實	jasi	唐古特語，吉祥
189		滿雅都	man ya du	
190		佛爾格屯	fergetun	搬指
191		沙芝直	ša jy jy	

順次	滿洲語	漢　字	羅馬拼音	詞　義
192		都　哩	duri	搖車
193		阿喇勒	aral	蒙古語，水中島
194		沙　津	šajin	法度
195		沙布爾	šabur	蒙古語，鞋
196		輝和爾	hoihor	回部名
197		諳　達	anda	夥伴
198		輝　發	hoifa	在吉林
199		圖卜準	tob jun	蒙古語，正東
200		鄂爾多	ordo	亭
201		巨穆古	gioi mu gu	
202		察　克	cak	蒙古語，時

順次	滿洲語	漢　字	羅馬拼音	詞　義
203	(滿文)	拉　林	lalin	河名
204	(滿文)	巴爾圖	bartu	蒙古語，有虎
205	(滿文)	瑪　古	magū	蒙古語，不善

資料來源：《欽定四庫全書》，「史部」，《欽定遼史語解》，
　　　　卷四。

　　表中所列地名共計二〇五個，其中轄塔哩，滿洲語讀如
"hiyatari"，意即「柵欄」，卷一作「霞瀨益」。錫林，
滿洲語讀如"silin"，意即「精銳」，卷一作「石烈」。
穆嚕，滿洲語讀如"muru"，意即「形像」，卷一作「彌
里地名」。舒伊旺尼珠琿溫，滿洲語讀如"šu i wang ni
jugūn on"，意即「文王之道路」，卷一作「如迁王集會
堝」，卷三作「如廷正集會堝地名」。烏滿，滿洲語讀如
"uman"，意即「齒齦」，卷一作「烏馬山名」。阿嚕，蒙
古語讀如"aru"，意即「山陰」，卷一作「阿魯山名」。
伊蘇濟勒，蒙古語讀如"isu jil"，意即「九年」，卷一作
「乙室董淀名」。達掄，滿洲語讀如"darun"，意即「牛
馬飲水處」，卷一作「達里」，卷十六作「撻離」。布扎
爾，蒙古語讀如"bujar"，意即「污穢」，卷一作「培
只」，卷六十四作「擘只」。昭圖，蒙古語讀如"jootu"，
意即「有百」，卷一作「札堵」。綽里特，蒙古語讀如
"colit"，意即「水地相間處」，卷一作「楚里」。庫里，

滿洲語讀如 "kuri" ，意即「牲畜毛片之犁花色」，卷一作
「庫里」，卷三十七作「屈劣」。

實喇，蒙古語讀如 "sira" ，意即「黃色」，卷一作
「轄賴」，卷二十作「霞列」，卷六十八作「轄剌」。阿
敦，滿洲語讀如 "adun" ，意即「牧羣」，卷一原文作「阿
敦」。扎固，蒙古語讀如 "jagū" ，意即「百」，卷一作
「昭烏」。伊喇，讀如 "ira" ，卷二作「拽剌」。烏爾古，
蒙古語讀如 "urgū" ，意即「孳生」，卷二作「烏孤」，卷
六十八作「烏魯古」。阿勒坦音德爾，蒙古語「阿勒坦」
讀如 "altan" ，意即「金」，「音德爾」讀如 "yender" ，
意即「堦」，卷二作「阿里典壓得斯」。呼穆蘇，蒙古語
讀如 "hūmusu" ，意即「指甲」，卷二作「胡母思」。伊
德實，蒙古語讀如 "idesi" ，意即「業得思」。約囉，
滿洲語讀如 "yoro" ，意即「響箭」，卷二作「寓樂」，卷
三十九作「梟羅」。巴爾斯，蒙古語讀如 "bars" ，即「巴
爾」，意即「虎」，卷二作「霸离思」。烏蘭實呼，蒙古
語「烏蘭」讀如 "ulan" ，意即「紅色」，「實呼」讀如
"sire" ，意即「床」，卷二作「烏剌斜里」。巴克實，蒙
古語讀如 "baksi" ，意即「師」，卷二作「霸室」。扎里，
滿洲語讀如 "jali" ，意即「茅藤子」，卷二原文作「扎
里」。色克，滿洲語讀如 "seke" ，意即「貂鼠」，卷二作
「撒葛」。輝罕，滿洲語讀如 "hoihan" ，意即「圍場」，
卷二作「忽汗」。羅寧，唐古特語「羅」讀如 "lo" ，意即
「年」，「寧」，讀如 "ning" ，意即「舊」，卷三作「羅
涅」。索囉，滿洲語讀如 "soro" ，意即「棗」，卷三作
「索剌」。

　　斡齊爾，蒙古語讀如"wacir"，意即「金剛」，卷三作「洼只」。頻布里，讀如"pin bu lii"，卷三作「品不里」。納卜齊，蒙古語讀如"nabci"，意即「樹葉」，卷三作「南赤」。哈達拉，滿洲語讀如"hadala"，意即「轡」，卷四作「猾底烈」，卷六十八作「畫達剌」。伊奇哩，滿洲語讀如"ikiri"，意即「一連」，卷四作「於諧里」。繖，讀如"san"，卷四作「傘」。尚和，蒙古語讀如"šangho"，意即「髮髻」，卷五作「祥古」。碩格，滿洲語讀如"šoge"，意即「銀錁」，卷七作「述古」。穆辰，滿洲語讀如"mucen"，意即「鍋」，卷七作「抹真」。烏舍，滿洲語讀如"uše"，意即「小皮條」，卷八作「兀惹」。富瑚，滿洲語讀如"fuhu"，意即「瘊」，卷九作「蒲瑰」。塔瑪，索倫語讀如"tama"，意即「行圍收合」，卷十作「撻馬」。紐斡哩，滿洲語讀如"niowari"，意即「綠色」，卷十一作「裊里」。沙沽，讀如"ša gu"，卷十一作「沙姑」。呼圖哩巴，滿洲語讀如"hūturi ba"，意即「福地」，卷十三作「胡土白」。特哩，蒙古語讀如"teri"，意即「整齊」，卷十三作「鐵里」，卷二十六作「特里」。汗，蒙古語讀如"han"，意即「君長」，卷十三作「可汗」。哈屯，蒙古語讀如"hatun"，意即「王妃」，卷十四作「可敦」。斡拉，滿洲語讀如"wala"，意即「下首」，卷十四作「斡剌」。努克特，滿洲語讀如"nukte"，意即「游牧處」，卷十五作「奴古達」，卷二十九作「女古底」。瑪哈拉，滿洲語讀如"mahala"，意即「帽」，卷十五作「買曷魯」。阿蘭，滿洲語讀如"alan"，意即「樺皮」，卷十五作「阿覽」。塔魯，索

倫語讀如 "talu"，意即「樺皮」，卷十五作「撻魯」，卷三十七作「他魯」。哈喇，蒙古語讀如 "hara"，意即「黑色」，卷十五作「曷剌」。塔喇噶，索倫語讀如 "taraga"，意即「田」，卷十五作「撻剌割」。達哩，蒙古語讀如 "dari"，意即「火藥」，卷十五作「達離」。必繖，滿洲語讀如 "bisan"，意即「潦」，卷十六作「鼻洒」。達巴，蒙古語讀如 "daba"，意即「嶺」，卷十六作「大擺」。和掄台布，滿洲語「和掄」讀如 "horon"，意即「威」，「台布」讀如 "taibu"，意即「柁」，卷十六作「耗里太保」。鄂博，蒙古語讀如 "obo"，意即「堆石以為祭處」，卷十六作「隗白」。和爾郭斯，蒙古語讀如 "horgos"，意即「牲畜糞」，卷十六作「胡魯古思」。茂穆克，滿洲語讀如 "moo muke"，意即「樹木水」，卷十六作「毛母國」。

哈卜齊勒，蒙古語讀如 "habcil"，意即「關隘」，卷十六作「宏怕只」。蘇默，蒙古語讀如 "sume"，意即「廟」，卷十七作「疏木」，卷三十三作「徐母」。烏林，滿洲語讀如 "ulin"，意即「財」，卷十七作「斡凜」。巴納登，滿洲語讀如 "ba na den"，意即「地方高」，卷十八作「別辇斗」。喇，唐古特語讀如 "ra"，意即「河之馬頭」，卷十八作「剌」。尼瑪齊，滿洲語讀如 "nimaci"，意即「山羊皮」，卷十八作「耶迷只」。實默里，滿洲語讀如 "simeli"，意即「冷清」，卷十八作「率沒里」。烏爾袞，滿洲語讀如 "urgun"，意即「喜」，卷十九作「兀魯館」。薩喇，蒙古語讀如 "sara"，意即「月」，卷十九作「撒剌」。海蘭，滿洲語讀如 "hailan"，意即「榆樹」，

卷十九作「曷懶」，卷六十八作「謁懶」。楚布，蒙古語讀如 "cubu"，意即「接連」，卷二十作「楚不」。錫倫，滿洲語讀如 "silun"，意即「猞猁猻」，卷二十作「繫輪」。哈爾吉，滿洲語讀如 "hargi"，意即「湍水」，卷二十作「侯里吉」，卷六十四作「喝只」。都爾嘉，滿洲語讀如 "durgiya"，意即「亮星」，卷二十作「獨盧金」。拜塔，滿洲語讀如 "baita"，意即「事」，卷二十作「霸特」。科里巴延，滿洲語讀如 "kooli bayan"，意即「條例富」，卷二十作「括里蒲盌」。薩哈巴，滿洲語讀如 "saha ba"，意即「小圍地方」，卷二十作「撒葛拍」。呼哩，滿洲語讀如 "hūri"，意即「松子」，卷二十作「胡呂」。和濟格爾，蒙古語讀如 "hojiger"，意即「頭禿」，卷二十作「合只忽里」。

納克，唐古特語讀如 "nak"，意即「黑色」，卷二十一作「納葛」。圖古勒，蒙古語讀如 "tugūl"，意即「牛犢」，卷二十二作「拖古烈」。愛實拉，滿洲語讀如 "aisila"，意即「令其幫助」，卷二十二作「外室剌」，卷六十八作「瓦石剌」。赫呼蘇，滿洲語讀如 "heresu"，意即「鹽池蒿」，卷二十二作「曷里狨」。和羅努克特，滿洲語讀如 "holo nukte"，意即「山谷游牧處」，卷二十二作「合魯聶特」。圖埒實，滿洲語讀如 "tulesi"，意即「向外」，卷二十三作「塔利捨」。薩古雅，蒙古語讀如 "sagūya"，意即「坐」，卷二十三作「掃獲野」。錫里濟，蒙古語讀如 "siliji"，意即「已選拔」，卷二十五作「匣魯金」，卷六十八作「習禮吉」。齊老，蒙古語讀如 "cilao"，意即「石」，卷二十五作「赤勒」。錫訥蘇，

蒙古語讀如“sine su”，意即「新奶子」，卷二十六作「瑟尼思」。薩拉納，滿洲語讀如“salana”，意即「令其往賑濟」，卷二十六作「撒里乃」。烏納，滿洲語讀如“una”，意即「枸杞」，卷二十六原文作「烏納」。達里庫，滿洲語讀如“dalikū”，意即「屏」，卷二十六作「大牢古」，卷二十八作「達魯古」。

　　彭楚，唐古特語讀如“peng cu”，意即「集聚水」，卷二十七作「陪朮」。沃稜，滿洲語讀如“weren”，意即「水瀾」，卷二十七作「斡鄰」。科卜多，蒙古語讀如“kobdo”，意即「箭筒」，蒙古部名，卷二十八作「護步答」。錫錫納林，蒙古語「錫錫」讀如“sisi”，意即「高粱」，「納林」讀如“narin”，意即「精細」，卷二十八作「狨斯那里」。額蘇掄，蒙古語讀如“esurun”，意即「梵天」，卷二十九作「訛莎烈」。額勒錦，滿洲語讀如“elgiyen”，意即「豐富」，卷二十九作「漚里謹」。鴻和，蒙古語讀如“hongho”，意即「鈴」，卷二十九作「洪灰」。歡塔察拉，滿洲語讀如“hūwanta cala”，意即「荒山那邊」，卷二十九作「歡撻新查剌」。埒克塞，滿洲語讀如“leksei”，意即「普裏」，卷二十九作「落昆髓」。薩里，蒙古語讀如“sali”，意即「地弩」，卷二十九作「掃里」。昂阿，滿洲語讀如“angga”，意即「口」，卷二十九作「奄遏」。阿爾展圖，蒙古語讀如“arjantu”，意即「有奶子酒」，卷三十作「阿里軫斗」。扎拉，蒙古語讀如“jala”，意即「帽纓」，卷三十作「查剌」。巴噶罕，蒙古語讀如“bagahan”，意即「微小」，卷三十作「卜古罕」。塔什干，回鶻語讀如“tašigan”，意即「石頭

村莊」，回城名，卷三十作「尋思干」。奇爾瑪勒，蒙古語讀如"kir mal"，意即「斑點牲畜」，卷三十作「起兒漫」。伊庫，滿洲語讀如"ikū"，意即「屈」，卷三十一作「游古」。嘉哩，滿洲語讀如"giyari"，意即「令其巡察」，卷三十一作「糺雅里」，卷五十九作「諧里」，卷三十九作「解里」。赫嚕，滿洲語讀如"heru"，意即「車輻」，卷三十一作「合魯」。紐歡賀珍，滿洲語讀如"niohon huwejen"，意即「淡綠色屏」，卷三十一作「女混活直」。圖爾，索倫語讀如"tur"，意即「半大豬」，卷三十二作「吐兒」。赫辰，滿洲語讀如"hecen"，意即「城」，卷三十二作「紇臣」。

克實克囊嘉特，蒙古語「克實克」讀如"kesik"，意即「恩」，「囊嘉特」讀如"nanggiyat"，意即「漢人」，卷三十二作「獨奚那頡」，卷六十三作「克奚那頡」。哈里，滿洲語讀如"hali"，意即「有水寬甸處」，卷三十三作「海勒」。浩里，蒙古語讀如"haoli"，意即「條例」，卷三十三作「郝里」。托輝，蒙古語讀如"tohoi"，意即「河灣」，卷三十三作「墮瑰」，卷九十三作「土隗」。蘇嚕克，蒙古語讀如"suruk"，意即「馬羣」，卷三十三作「速魯」。賽音楚古爾蘇，蒙古語讀如"sain cūgursu"，意即「好杉木」，卷三十三作「三黜古斯」。阿達摩，滿洲語讀如"ada moo"，意即「筏木」，卷三十四作「安達馬」。博囉，蒙古語讀如"boro"，意即「青色」，卷三十七作「別魯」。按春，滿洲語讀如"ancun"，意即「耳墜」，卷三十七作「按出」。魯塔，蒙古語讀如"luta"，意即「堅執」，卷三十七作「勒得」。巴圖，蒙

古語讀如“batu”，意即「結實」，卷三十七作「勃突」。錫沙，滿洲語讀如“siša”，意即「腰鈴」，卷三十七作「轄失」。穆丹，滿洲語讀如“mudan”，意即「彎曲」，卷三十七作「沒打」。塔哩珠，蒙古語讀如“tariju”，意即「耕」，卷三十七作「塔懶主」。烏爾呼赫，滿洲語讀如“urhuhe”，意即「已斜」，卷三十八作「烏魯虎克」。格默勒，蒙古語讀如“gemel”，意即「空榛子」，卷三十九作「箇沒里」。塔斯，蒙古語讀如“tas”，意即「性烈」，卷四十六作「塌西」。塔布，蒙古語讀如“tabu”，意即「五」，卷四十六作「塌母」。齊蘇，蒙古語讀如“cisu”，意即「血」，卷四十六作「乞粟」。濟必，蒙古語讀如“jibi”，意即「銹」，卷五十九作「吉避」。和拉，蒙古語讀如“hola”，意即「遠」，卷六十作「鶴剌」。

矩巴哩木，唐古特語讀如“gioi ba rim”，意即「根本次第」，卷六十一作「厥拔离弭」。瑪勒貝，蒙古語讀如“mal bui”，意即「有牲畜」，卷六十四作「彌里本」。雅里，滿洲語讀如“yali”，意即「肉」，卷六十四作「鴨里」。雅爾鼐都勒幹，唐古特語讀如“yarnai dulwa”，意即「夏居戒律」，卷六十八作「野鳥篤幹」。滿達，滿洲語讀如“manda”，意即「壇城」，語解作「蒙古語」，異，卷六十八作「滿得」。哈布爾，蒙古語讀如“habur”，意即「春」，卷六十八作「合不剌」。圖伯特，蒙古語讀如“tubet”，即「唐古特」，卷六十八作「圖不得」。青濟達，蒙古語讀如“cing jida”，意即「誠槍」，卷六十八作「城吉得」。約蘇，蒙古語讀如“yosu”，意即「理」，

卷六十八作「遙斯」。格德，唐古特語讀如 "ge de"，意即「福安」，卷六十八作「葛德」。扎蘭，滿洲語讀如 "jalan"，意即「世代」，卷六十八作「查懶」。伊拉瑪，蒙古語讀如 "ilama"，意即「桑樹」，卷六十八作「益馬里」。庫庫，蒙古語讀如 "kuku"，乾隆五十九年十二月改作 "kūke"，意即「青色」，卷六十八作「庫骨」。色珍，滿洲語讀如 "sejen"，意即「車」，卷六十八作「斜軫」。伯哩，滿洲語讀如 "beri"，意即「弓」，卷六十八作「怕里」。奇木達，索倫語讀如 "kimda"，意即「難易之易」，卷六十八作「趣沒打」。和托，滿洲語讀如 "hoto"，意即「葫蘆」，卷六十八作「虎特」。科綽，滿洲語讀如 "koco"，意即「幽僻處」，卷六十八作「括折」。塔拉布爾噶，滿洲語讀如 "tala burga"，意即「野外柳條」，卷六十八作「田里不魯斡」。

　　諾郭蘇，蒙古語讀如 "nogosu"，意即「鴨」，卷六十八作「裊古狨」。默德哩，滿洲語讀如 "mederi"，意即「海」，卷六十八作「抹特凜」。和爾台，蒙古語讀如 "hortai"，意即「有捧靮」，卷六十八作「畫盧打」。諾木沁，蒙古語讀如 "nomcin"，意即「嗜經人」，卷六十八作「奴穆真」。哈喇台扎拉，蒙古語讀如 "haratai jala"，意即「有黑色帽纓」，卷六十八作「孩里迭扎剌」。烏蘭展，蒙古語讀如 "ulan jan"，意即「紅色象」，卷六十八作「吾魯真」。伊克，蒙古語讀如 "ike"，意即「大」，卷六十八作「野葛」。庫濟敖拉阿林，蒙古語「庫濟」讀如 "kuji"，意即「香」，「敖拉」讀如 "aola"，意即「山」，「阿林」滿洲語讀如 "alin"，意即「山」，卷

六十八作「括只阿剌阿里」。布圖舍哩，滿洲語讀如“butu šeri”，意即「幽闇泉」，卷六十八作「排得逃魯」。和尼，蒙古語讀如“honi”，意即「羊」，卷六十八作「瓌泥」。色勒迪，索倫語讀如“seldi”，意即「甲」，卷六十八作「薩題」。濟蘇，蒙古語讀如“jisu”，意即「色」，卷六十八作「直舍」，又作「只舍」。聶呼，滿洲語讀如“niyere”，意即「單弱」，卷六十八作「涅烈」。巴恩，讀如“ba en”，卷六十八作「跋恩」。固爾班，蒙古語讀如“gūrban”，意即「三」，卷六十八作「果里白」。果勒，蒙古語讀如“gool”，意即「河」，卷六十八作「侯勒」。德勒璸，滿洲語讀如“delbin”，意即「帽沿」，卷六十八作「鐵里必」。

伊埒，蒙古語讀如“ile”，意即「明顯」，卷六十八作「耶里」。蘇拉，滿洲語讀如“sula”，意即「閑散」。卷六十八作「束刺」。博囉齊巴噶，蒙古語讀如“boro cibaga”，意即「青色棗」，卷六十八作「頗羅扎不葛」。璸都，蒙古語讀如“bindu”，意即「圈點之圈」，卷六十八作「撒都」。烏爾古濟，蒙古語讀如“urgūji”，意即「已孳息」，卷六十八作「訛魯古只」。都哩木敖拉，蒙古語讀如“durim aola”，意即「規模山」，卷六十八作「都里也剌」。阿里，滿洲語讀如“ali”，意即「令其承當」，卷六十八作「阿里」。烏里，滿洲語讀如“uli”，意即「弓弦」，卷六十八作「烏里」。蘇爾鄂博，蒙古語「蘇爾」讀如“sur”，意即「威」，「鄂博」，讀如“obo”，意即「堆石以為祭處」，卷六十八作「索阿不」。布延，蒙古語讀如“buyan”，意即「福」，卷六十八作

「不野」。哈喇岱，蒙古語讀如 "haradai"，意即「有黑色」，卷六十八作「曷朗底」。鄂爾琨，讀如 "orkon"，蒙古部名，卷六十八作「訛魯琨」。都爾蘇，蒙古語讀如 "dursu"，意即「體勢」，卷六十八作「奪里捨」。額徹濟，蒙古語讀如 "eceji"，意即「已瘦」，卷六十八作「悅只吉」。薩納台，蒙古語讀如 "sanatai"，意即「有心」，卷六十八作「沙奴特」。

扎實，唐古特語讀如 "jasi"，意即「吉祥」，卷六十八作「查沙」。滿雅都，讀如 "man ya du"，卷六十八作「漫牙覩」。佛爾格屯，滿洲語讀如 "fergetun"，意即「搬指」，卷六十八作「佛葛都」。沙芝直，讀如 "ša jy jy"，卷六十八作「沙只直」。都哩，滿洲語讀如 "duri"，意即「搖車」，卷六十八作「覩里」。阿喇勒，蒙古語讀如 "aral"，意即「水中島」，卷六十八作「吾剌里」。沙津，滿洲語讀如 "šajin"，意即「法度」，卷六十八作「沙只」。沙布爾，蒙古語讀如 "šabur"，意即「鞋」，卷六十八作「撒不烈」。輝和爾，讀如 "hoihor"，回部名，卷六十九作「畏吾兒」。諳達，滿洲語讀如 "anda"，意即「夥伴」，卷七十三作「宴答」。輝發，讀如 "hoifa"，在吉林烏拉南，卷七十三作「回跋」。圖卜準，蒙古語讀如 "tub jun"，意即「正東」，卷八十八作「馳準」。鄂爾多，滿洲語讀如 "ordo"，意即「亭」，卷九十三作「窩魯朵」。巨穆古，讀如 "gioi mu gu"，卷九十四作「巨母古」。察克，蒙古語讀如 "cak"，卷九十六作「插合」。拉林，讀如 "lalin"，寧古塔河名，卷一〇一作「剌离」。巴爾圖，蒙古語讀如 "bartu"，意

即「有虎」，卷一〇四作「拔里堵」。瑪古，蒙古語讀如
"magū"，意即「不善」，卷一〇六作「抹古」。

《欽定遼史語解・地理》包含地名、山名、淀名、河
名、濼名、水名、城名、州名、坡名、嶺名、林名、峪
名、岡名、溝名、關名、口名、寨名、湖名、井名、泉
名、坂名、谷名、澤名等。表中穆嚕（muru）、舒伊旺尼
珠琿溫（šu i wang ni jugūn on）、穆辰（mucen）、紐斡哩
（niowari）、巴納登（ba na den）、尼瑪齊（nimaci）、都
爾嘉（durgiya）、科里巴延（kooli bayan）、薩哈巴（saha
ba）、和濟格爾（hojiger）、圖古勒（tugūl）、赫呼蘇
（heresu）、和羅努克特（holo nukte）、圖埒實（tulesi）、
薩古雅（sagūya）、錫訥蘇（sine su）、薩拉納（salana）、
沃稜（weren）、額蘇掄（esurun）、額勒錦（elgiyen）、
歡塔察拉（hūwanta cala）、埒克塞（leksei）、阿爾展圖
（arjantu）、扎拉（jala）、塔什干（tašigan）、奇爾瑪勒
（kir mal）、紐歡賀珍（niohon huwejen）、克實克囊嘉特
（kesik nanggiyat）、哈里（hali）、烏爾呼赫（urhuhe）、
塔拉布爾噶（tala burga）、諾郭蘇（nogosu）、璸都
（bindu）、都哩木敖拉（durim aola）、阿里（ali）、哈喇
岱（haradai）、額徹濟（eceji）、薩納台（sanatai）、扎實
（jasi）、佛爾格屯（fergetun）等為地名。

烏滿（uman）、阿嚕（aru）、扎固（jagū）、
伊喇（ira）、阿勒坦音德爾（altan yender）、呼穆蘇
（hūmusu）、伊德實（idesi）、巴爾斯（bars）、烏蘭
實呼（ulan sire）、巴克實（baksi）、色克（seke）、索
囉（soro）、納卜齊（nabci）、哈達拉（hadala）、尚和

（šangho）、呼圖哩巴（hūturi ba）、達哩（dari）、達巴
（daba）、鄂博（obo）、茂穆克（moo muke）、哈卜齊勒
（habcil）、錫倫（silun）、拜塔（baita）、呼哩（hūri）、
錫錫納林（sisi narin）、扎拉（jala）、圖爾（tur）、賽音
楚古爾蘇（sain cūgursu）、博囉（boro）、魯塔（luta）、
巴圖（batu）、雅爾鼐都勒斡（yarnai dulwa）、哈布爾
（habur）、色珍（sejen）、和托（hoto）、科綽（koco）、
和爾台（hortai）、哈喇台扎拉（haratai jala）、庫濟敖拉
阿林（kuji aola alin）、濟蘇（jisu）、聶呼（niyere）、巴
恩（ba en）、固爾班（gūrban）、德勒璸（delbin）、伊
埒（ile）、蘇拉（sula）、博囉齊巴噶（boro cibaga）、烏
爾古濟（urgūji）、阿里（ali）、蘇爾鄂博（sur obo）、
布延（buyan）、滿雅都（man ya du）、沙芝直（ša jy
jy）、都哩（duri）、阿喇勒（aral）、沙津（šajin）、沙
布爾（šabur）、諳達（anda）、巴爾圖（bartu）、瑪古
（magū）等是山名。

　　表中布扎爾（bujar）、昭圖（jootu）、綽里特
（colit）、扎里（jali）、羅寧（lo ning）、伊奇哩
（ikiri）、沙沽（ša gu）、斡拉（wala）、塔魯（talu）、
哈喇（hara）、必徹（bisan）、烏林（ulin）、喇（ra）、
實默里（simeli）、伊庫（ikū）、赫嚕（heru）、浩里
（haoli）、蘇嚕克（suruk）、按春（ancun）、穆丹
（mudan）、齊蘇（cisu）、矩巴哩木（gioi ba rim）、雅里
（yali）、奇木達（kimda）等是河名。

　　表中碩格（šoge）、薩喇（sara）、納克（nak）、
烏納（una）、彭楚（peng cu）、鴻和（hongho）、昂阿

（angga）、赫辰（hecen）、格默勒（gemel）、圖伯特
（tubet）、庫庫（kuku）、伯哩（beri）、果勒（gool）、
拉林（lalin）等是水名。淀是水淺的湖泊，表中伊蘇濟
勒（isu jil）、達掄（darun）、頻布里（pin bu lii）、繖
（san）、和爾郭斯（horgos）等是淀名。濼也是水名，表
中阿敦（adun）、塔瑪（tama）、塔喇噶（taraga）、錫沙
（siša）、和拉（hola）、和尼（honi）、色勒迪（seldi）
等是濼名。表中楚布（cubu）是溝名，青濟達（cing jida）
是井名，格德（ge de）是泉名，富瑚（fuhu）、鄂爾琨
（orkon）是坡名，齊老（cilao）、瑪勒貝（mal bui）、約
蘇（yosu）、伊克（ike）、烏里（uli）等是嶺名。澤是湖泊
的統稱，表中都爾蘇（dursu）是澤名。烏爾袞（urgun）、
科卜多（kobdo）是岡名。兩山間流水的低道，是溪谷；
山裡的深穴，是幽谷。表中烏蘭展（ulan jan）、默德哩
（mederi）、察克（cak）等是谷名。峪是山谷，表中諾木沁
（nomcin）是峪名。斡齊爾（wacir）、烏舍（uše）、哈屯
（hatun）、和掄台布（horon taibu）、巴噶罕（bagahan）、
塔哩珠（tariju）、塔布（tabu）、輝和爾（hoihor）、輝發
（hoifa）、圖卜準（tub jun）、鄂爾多（ordo）、巨穆古
（gioi mu gu）等是城名。薩里（sali）是關名，阿達摩（ada
moo）是口名。表中汗（han）是州名。坂是斜坡，表中伊拉
瑪（ilama）是坂名。

表中庫哩（kuri）、實喇（sira）、努克特（nukte）、
愛實拉（aisila）、錫里濟（siliji）等是地名，也是山名。
約囉（yoro）是山名，也是水名。蘇默（sume）、嘉哩
（giyari）等是山名，也是河名。海蘭（hailan）、哈爾

吉（hargi）等是地名，也是河名。達里庫（dalikū）是城名，也是山名。托輝（tohoi）是地名，也是口名。滿達（manda）是山名，也是湖名。輝罕（hoihan）是城名，也是州名。特哩（teri）是州名，也是嶺名。烏爾古（urgū）是山名，也是地名，又是河名。

《欽定遼史語解》所載地名，多以山川草木蟲魚鳥獸、生活器物、常見色彩、身體部位、民俗崇拜等為名。滿洲語「茂穆克」（moo muke），意即「樹木水」。蒙古語「阿嚕」（aru），意即「山陰」。蒙古語「綽里特」（colit），意即「水地相間處」。蒙古語「納卜齊」（nabci），意即「樹葉」。蒙古語「達巴」（daba），意即「嶺」。「樺皮」，滿洲語讀如"alan"，漢字音譯作「阿蘭」，蒙古語讀如"talu"，漢字音譯作「塔魯」。滿洲語「海蘭」（hailan），意即「榆樹」。滿洲語「哈爾吉」（hargi），意即「湍水」。滿洲語「沃稜」（weren），意即「水瀾」，又作「波瀾」。滿洲語「歡塔」（hūwanta），意即「荒山」。滿洲語「哈里」（hali），意即「有水寬甸處」。蒙古語「托輝」（tohoi），意即「河灣」。蒙古語楚古爾蘇（cūgursu），意即「杉木」。滿洲語「布爾噶」（burga），意即「柳條」。滿洲語「默德哩」（mederi），意即「海」。蒙古語「果勒」（gool），意即「河」。漢字「山」，蒙古語讀如"aola"，漢字音譯作「敖拉」，滿洲語讀如"alin"，漢字音譯作「阿林」。蒙古語「阿喇勒」（aral），意即「水中島」。蒙古語「薩喇」（sara），意即「月」。滿洲語「都爾嘉」（durgiya），意即「亮星」。

滿洲語「扎里」（jali），意即「茅藤子」。滿洲

語「索囉」（soro），意即「棗」。滿洲語「呼哩」
（hūri），意即「松子」。滿洲語「烏納」（una），意即
「枸杞」。蒙古語「錫錫」（sisi），意即「高粱」。蒙古
語「格默勒」（gemel），意即「空榛子」。蒙古語「伊拉
瑪」（ilama），意即「桑樹」。滿洲語「和托」（hoto），
意即「葫蘆」。除植物作物，還有常見的動物。蒙古語「巴
爾斯」（bars），即「巴爾」（bar），意即「虎」。滿洲
語「色克」（seke），意即「貂鼠」。滿洲語「尼瑪齊」
（nimaci），意即「山羊皮」。滿洲語「錫倫」（silun），
意即「猞猁猻」。蒙古語「圖古勒」（tugūl），意即「牛
犢」。蒙古語「瑪勒」（mal），意即「牲畜」。索倫語
「圖爾」（tur），意即「半大豬」。蒙古語「蘇嚕克」
（suruk），意即「馬群」。蒙古語「諾郭蘇」（nogosu），
意即「鴨」。蒙古語「展」（jan），意即「象」。蒙古語
「和尼」（honi），意即「羊」。各種動物的活動，充分反
映了草原大地的濃厚氣息。

探討《欽定遼史語解》地名的由來，也有助於認識契
丹民族的生活器物。滿洲語「轄塔哩」（hiyatari），意即
「柵欄」。蒙古語「阿勒坦」（altan），意即「金」。滿
洲語「約囉」（yoro），意即「響箭」。蒙古語「實哷」
（sire），意即「床」。滿洲語「哈達拉」（hadala），意
即「轡」。滿洲語「碩格」（šoge），意即「銀錁」。滿
洲語「穆辰」（mucen），意即「鍋」。滿洲語「烏舍」
（uše），意即「小皮條」。滿洲語「瑪哈拉」（mahala），
意即「帽」。蒙古語「扎拉」（jala），意即「帽纓」。滿
洲語「德勒璸」（delbin），意即「帽沿」。索倫語「塔喇

噶」（taraga），意即「田」。蒙古語「達哩」（dari），意即「火藥」。滿洲語「烏林」（ulin），意即「財」。蒙古語「蘇」（su），意即「奶子」。蒙古語「阿爾展」（arjan），意即「奶子酒」。蒙古語「鴻和」（hongho），意即「鈴」。滿洲語「錫沙」（siša），意即「腰鈴」。滿洲語「伯哩」（beri），意即「弓」。蒙古語「薩里」（sali），意即「地弩」。滿洲語「烏里」（uli），意即「弓弦」。滿洲語「達里庫」（dalikū），意即「屏」，係指門內側遮屏。滿洲語「賀珍」（huwejen），意即「屏」，係指圍屏。滿洲語「按春」（ancun），意即「耳墜」。蒙古語「濟達」（jida），意即「槍」。滿洲語「色珍」（sejen），意即「車」。索倫語「色勒迪」（seldi），意即「甲」。滿洲語「佛爾格屯」（fergetun），意即「搬指」。滿洲語「都哩」（duri），意即「搖車」。蒙古語「沙布爾」（šabur），意即「鞋」。以生活必需品為地名，具有特殊意義。

　　以身體部位為地名，也具有文化意義。滿洲語「烏滿」（uman），意即「齒齦」。蒙古語「呼穆蘇」（hūmusu），意即「指甲」。蒙古語「尚和」（šangho），意即「髮髻」。滿洲語「富瑚」（fuhu），意即「瘊」，是皮膚上的小疙瘩。蒙古語「和爾郭斯」（horgos），意即「牲畜糞」。蒙古語「和濟格爾」（hojiger），意即「頭禿」。蒙古語「薩古雅」（sagūya），意即「坐」。滿洲語「昂阿」（angga），意即「口」。蒙古語「齊蘇」（cisu），意即「血」。滿洲語「雅里」（yali），意即「肉」。蒙古語「額徹濟」（eceji），意即「已瘦」。

　　草原社會也重視色彩，以色彩為地名也是常見的現象。滿洲語「庫哩」（kuri），意即「牲畜毛片的犁花色」。蒙古語「實喇」（sira），意即「黃色」。蒙古語「烏蘭」（ulan），意即「紅色」。滿洲語「紐斡哩」（niowari），意即「綠色」。蒙古語「哈喇」（hara），意即「黑色」。唐古特語「納克」（nak），意即「黑色」。蒙古語「博囉」（boro），意即「青色」。蒙古語「庫庫」（kuku），意即「青色」。

　　以數字為地名，也具有特色。蒙古語「固爾班」（gūrban），意即「三」。蒙古語「塔布」（tabu），意即「五」。蒙古語「伊蘇」（isu），意即「九」。蒙古語「扎固」（jagū）、「昭」（joo），意即「百」。

　　探討地名的由來，不能忽視民間信仰。蒙古語「蘇默」（sume），意即「廟」。蒙古語「額蘇掄」（esurun），意即「梵天」。蒙古語「斡齊爾」（wacir），意即「金剛」。蒙古語「滿達」（manda），意即「壇城」。蒙古語「諾木沁」（nomcin），意即「嗉經人」。蒙古語「齊老」（cilao），意即「石」。蒙古語「鄂博」（obo），意即「堆石以為祭處」。以藏傳佛教為主體信仰的草原社會裡，唐古特語「格德」（ge de），意即「福安」。蒙古語「布延」（buyan），意即「福」。滿洲語「呼圖哩巴」（hūturi ba），意即「福地」。唐古特語「扎實」（jasi），意即「吉祥」，都是耳熟能詳的詞彙。

欽定四庫全書		
ᠣᡵᡩᠣᠰ 鄂爾多	滿洲語亭也卷九十三作窩魯孫城名	
ᠸᠠᠯᠠᠨᡳ 	纂纈鮎	
巨穆古	無解義但改字面城名卷九十四作巨母古因	
ᠠᠴᠠ 	阿察	
察克	蒙古語時也卷九十六作挿合谷名	
ᠠᠯᡳᠮᠠ 	阿哩儷罿	
拉林	今寧古塔河名卷一百一作刺離水名	
ᠣᠰᡨᡠ 	阿哷烏圖	

欽定四庫全書

欽定遼史語解卷五

解義

凡例不復注索倫語其中姓氏
地名人名官名改字面

倫語為本語解內但釋
倫語其中姓氏地名官
名以八旗姓氏通譜官
名改字面

地名人名無解義者俱以今
釋注索倫語

勲

階官　馬陳特

職官

塔瑪噶
蒙古語塔瑪噶
印也賽特大
也卷一作達
馬狨沙里

賽特

頌例

欽定遼史語解　卷五

一

五、《欽定遼史語解》職官

　　《遼史》中「職官」詞彙，語解改動字面，逐字並列，對研究音譯問題，提供頗多重要資料。《遼史》「撻馬狘沙里」，改書「塔瑪噶賽特」（tamaga sait），同音異譯，蒙古語，意即「有印大臣」。《遼史》「夷离蓳」，語解改書「額爾奇木」（erkim），蒙古語，意即「尊貴」。《遼史》「夷离畢」，語解改書「伊勒希巴」（ilhi ba），滿洲語，意即「副地方」。《遼史》「梅里」，語解改書「美楞」（meiren），滿洲語，意即「肩」。《遼史》「闡撒狘」，語解改書「扎薩克轄」（jasak hiya），蒙古語，意即「管理旗務之侍衛」。語解同音異譯，注明蒙古語、滿洲語，有助於了解遼職官制度。

《欽定遼史語解・職官》滿漢對照表

順次	滿洲語	漢　字	羅馬拼音	詞　義
1		塔瑪噶賽特	tamaga sait	蒙古語，有印大臣
2		額爾奇木	erkim	蒙古語，尊貴
3		裕悅	ioiyuwei	

順次	滿洲語	漢 字	羅馬拼音	詞 義
4		特哩袞	terigun	蒙古語，為首
5		伊勒希巴	ilhi ba	副地方
6		阿勒達爾裕悅	aldar ioiyuwei	蒙古語，名譽裕悅
7		錫里	sili	蒙古語，選拔
8		伊喇	ira	
9		美楞	meiren	肩
10		達爾罕	darhan	蒙古語，免差役
11		瑪爾布	marbu	唐古特語，紅色
12		寶珠	šiju	
13		達林	dalin	岸

順次	滿洲語	漢　字	羅馬拼音	詞　義
14		薩納噶	sanaga	蒙古語，心
15		詳袞	siyanggun	理事官
16		扎薩克轄	jasak hiya	蒙古語，旗務侍衛
17		塔瑪	tama	行圍收合
18		錫林塔拉	silin tala	精銳野外
19		令公	ling gung	官名
20		額珍尼郭齊喀	ejen i gocika	君之親隨
21		諳達	anda	夥伴
22		實達爾	sidar	蒙古語，親隨

順次	滿洲語	漢 字	羅馬拼音	詞 義
23		圖 嚕	turu	蒙古語，為首
24		美佛嚇	meifehe	山坡
25		宗 德	dzung de	唐古特語，守城人
26		多囉倫穆騰	dorolon muten	禮技藝
27		德爾吉	dergi	上
28		穆特布	mutebu	令成就
29		瑪 古	magū	蒙古語，不善
30		都古稜	dugureng	蒙古語，盈滿
31		圖 哩	turi	豆
32		塔斡爾	tawar	蒙古語，財

順次	滿洲語	漢　字	羅馬拼音	詞　義
33		傻　寬	šongkon	海青
34		綽　呼	cohū	蒙古語，頭角
35		阿　勒　坦 裕　悅	altan ioiyuwei	蒙古語，金裕悅
36		烏　林　達	ulin da	司庫
37		貝　勒	beile	管理眾人之稱

資料來源：《欽定四庫全書》，「史部」，《欽定遼史語解》，
　　　　卷五。

　　表中所列職官名稱共計三十七個，其中塔瑪噶賽特，蒙
古語「塔瑪噶」，讀如"tamaga"，意即「印」，「賽特」
讀如"sait"，意即「大臣」，卷一作「撻馬狨沙里」。
額爾奇木，蒙古語讀如"erkim"，意即「尊貴」，卷一作
「夷离菫」。裕悅，讀如"ioiyuwei"，卷一作「于越」。
特哩袞，蒙古語讀如"terigun"，意即「為首」，卷一作
「惕隱」。伊勒希巴，滿洲語讀如"ilhi ba"，意即「副
地方」，卷一作「夷离畢」。阿勒達爾裕悅，蒙古語「阿

勒達爾」讀如 "aldar"，意即「名譽」，「裕悅」讀如
"ioiyuwei"，卷一作「阿盧朵里于越」。錫里，蒙古語讀
如 "sili"，意即「選拔」，卷三作「舍利」。伊喇，讀如
"ira"，卷三作「拽剌」。美楞，滿洲語讀如 "meiren"，
意即「肩」，卷三作「梅里」。達爾罕，蒙古語讀如
"darhan"，意即「凡有勤勞免其差役」，卷四作「達剌
干」。瑪爾布，唐古特語讀如 "marbu"，意即「紅色」，
卷四作「麻都不」，「百官志」作「麻普」。實珠，讀如
"šiju"，卷四作「世燭」。達林，滿洲語讀如 "dalin"，
意即「岸」，卷四作「闥林」。

薩納噶，蒙古語讀如 "sanaga"，意即「心」，卷四作
「思奴古」。詳袞，索倫語讀如 "siyanggun"，意即「理
事官」，卷四作「詳穩」。扎薩克轄，蒙古語讀如 "jasak
hiya"，意即「管理旗務之侍衛」，卷七作「闡撒狨」。塔
瑪，索倫語讀如 "tama"，意即「行圍收合」，卷七作「撻
馬」。錫林塔拉，滿洲語讀如 "silin tala"，意即「精銳野
外」，卷十一作「先離撻攬」。令公，讀如 "ling gung"，
卷十三作「令穩」。額珍尼郭齊喀，滿洲語讀如 "ejen i
gocika"，意即「君之親隨」，卷十五作「阿札割只」。諳
達，滿洲語讀如 "anda"，意即「夥伴」，卷二十二作「按
答」。

實達爾，蒙古語讀如 "sidar"，意即「親隨」，卷
二十八作「小底」。圖嚕，蒙古語讀如 "turu"，意即
「為首」，卷三十作「禿魯」。美佛赫，滿洲語讀如
"meifehe"，意即「山坡」，卷三十二作「莫弗賀」。
宗德，唐古特語讀如 "dzung de"，意即「守城人」，卷

四十五作「選底」。多囉倫穆騰，滿洲語「多囉倫」讀如
“dorolon”，意即「禮」，「穆騰」讀如 “muten”，意即
「技藝」，卷四十五作「敵烈麻都」。德爾吉，滿洲語讀如
“dergi”，意即「上」，卷四十五作「梯里己」。穆特布，
滿洲語讀如 “mutebu”，意即「令其成就」，卷四十五作
「馬特本」。

　　瑪古，蒙古語讀如 “magū”，意即「不善」，卷四十五
作「抹鶻」。都古稜，蒙古語讀如 “dugurengge”，意即
「盈滿」，卷四十六作「迪骨里」。圖哩，滿洲語讀如
“turi”，意即「豆」，卷四十六作「吐里」，卷七十三作
「禿里」。塔斡爾，蒙古語讀如 “tawar”，意即「財」，
卷四十六作「沓溫」。雙寬，滿洲語讀如 “šongkon”，
意即「海青」，卷四十六作「杓窊」。綽呼，蒙古語讀如
“cohū”，意即「頭角」，卷六十一作「楚古」。阿勒坦
裕悅，蒙古語「阿勒坦」讀如 “altan”，意即「金」，「裕
悅」讀如 “ioiyuwei”，卷七十三作「阿魯敦于越」。烏林
達，滿洲語讀如 “ulin da”，意即「司庫」，卷二十八作
「烏林答」。貝勒，滿洲語讀如 “beile”，意即「管理眾人
之稱」，卷二十九作「孛董」。

　　從《欽定遼史語解》所列官名可以了解職官名稱的由
來。表中貝勒（beile），是管理眾人之稱，亦即滿洲、蒙古
官名。烏林達（ulin da），意即「司庫」，就是管理倉庫一
切事務之官員。宗德（dzung de），意即「守城人」。詳袞
（siyanggun），意即「理事官」。扎薩克轄（jasak hiya），
意即「管理旗務之侍衛」。額珍尼郭齊喀（ejen i gocika），
意即「君之親隨」。實達爾（sidar），意即「親隨」。諳達

（anda），意即「夥伴」。達爾罕（darhan），意即「凡有勤勞免其差役」。草原族群重視行圍畋獵，塔瑪（tama），意即「行圍收合」。雙寬（šongkon），意即「海青」，能捕食天鵝（garu）等禽鳥。美楞（meiren），意即「肩」，引伸為「副」，美楞章京（meiren i janggin），意即「副都統」。狩獵中心大旗兩側副大旗的位置，就是圍肩。伊勒希巴（ilhi ba），就是副大旗的位置。特哩袞（terigun）、圖嚕（turu），意即「為首」。德爾吉（dergi），意即「上」。額爾奇木（erkim），意即「尊」。塔瑪噶寨特（tamaga sait），意即「帶印大臣」。

欽定四庫全書

卷五　欽定遼史語解

綽呼　蒙古語頭角也卷
六十一作楚古

阿勒坦裕悅　蒙古語阿勒坦金也裕悅改字
面卷七十三作阿魯敦于越

烏林達　滿洲語司庫也卷
二十八作烏林答

貝勒　滿洲語管理衆人之
稱卷二十九作字堇

欽定遼史語解卷五

欽定四庫全書

欽定遼史語解卷六

按遼以索倫語為本語解內但釋
解義概不複注索倫語其中姓氏
地名官名人名無解義者俱以今
地名八旗姓氏通譜官名改字面
之
訂

人名

皇族　按遼代世廱北南府宰相之選及分任
庶職者耶律蕭二氏而已耶律皆宗室必史以
系出橫帳五院六院之間者別為皇族表令就
表編輯自為一卷其他世系不可鄉悉如太祖
之弟達勒達薩喇等仍散
見於人名中从史例仍也

毛
師
阿珊

阿玕

六、《欽定遼史語解》人名（一）

　　遼朝世膺北南府宰相之選及分任庶職者，僅耶律、蕭二氏而已，耶律皆宗室。《遼史》以系出橫帳五院、六院之間者，別為皇族表。語解就表編輯，自為一卷，其他世系，不可殫悉，如太祖之弟達勒連薩喇等則從史例仍散見於人名中。表中「唐古」，滿洲語讀如"tanggū"，意即「百」，《遼史》卷六十六作「棠古」，卷七作「唐果」，卷九作「唐笘」，讀音相近，並非一人。博迪，蒙古語讀如"bodi"，意即「菩提」，《遼史》卷六十六作「頗的」，卷八十四作「婆典」，並非一人。語解詳考人名，對研究《遼史》，頗具貢獻。

《欽定遼史語解・人名（一）》滿漢對照表

順次	滿洲語	漢　字	羅馬拼音	詞　義
1		塔　拉	tala	野外
2		實黙克	simeke	浸潤
3		托　音	toin	蒙古語，僧
4		希　達	hida	簾
5		納爾琿	narhūn	細

順次	滿洲語	漢 字	羅馬拼音	詞 義
6		烏 蘇	usu	蒙古語，水
7		和爾郭勒濟	horgolji	蒙古語，鉛
8		摩綽	moco	拙
9		春博里	comboli	軟脇
10		華 格	hūwage	
11		薩 布	sabu	鞋
12		巴 哩	bari	蒙古語，執
13		瑠 格	lioge	
14		布 格	būge	蒙古語，巫
15		科科里	kokoli	瞞頭套
16		希 斯	hisy	山傍險峻處
17		察 克	cak	蒙古語，時

順次	滿洲語	漢字	羅馬拼音	詞義
18		烏紳	usin	田
19		隆科	longko	銅鍋
20		密遜	misun	醬
21		完	wan	梯
22		舒嚕	šuru	珊瑚
23		伊實揚	isi yang	唐古特語，智慧聲音
24		實神努	šišennu	
25		烏魯斯	ulus	蒙古語，國
26		斡格	wage	
27		蘇克	suke	蒙古語，斧
28		謝嘉努	siyegiyanu	
29		埒富	lefu	熊

順次	滿洲語	漢字	羅馬拼音	詞義
30		蘇色	suse	潦草
31		呼圖克	hūtuk	蒙古語，福
32		赫嚕	heru	車輻
33		尼嚕古	nirugū	蒙古語，腰
34		實都	sidu	蒙古語，牙
35		塔喇台	taratai	蒙古語，有田
36		阿勒坦	altan	蒙古語，金
37		舒蘇	šusu	廩給
38		薩結	sa giye	唐古特語，地開廣
39		罕扎	hanja	廉
40		斡	wa	氣味
41		休格	hioge	

順次	滿洲語	漢　字	羅馬拼音	詞　義
42		和　卓	hojo	美好
43		阿　里	ali	令承當
44		諾　觀	nogon	蒙古語，綠色
45		辰　格	cenge	
46		嘉　努	giyanu	
47		羅漢努	lohan nu	
48		達嚕噶	daruga	蒙古語，頭目
49		果　寶	gosi	疼愛
50		呼魯蘇	hūlusu	蒙古語，蘆葦
51		圖勒錦	tulgiyen	外
52		唐　古	tanggū	百
53		實納齊	sinaci	蒙古語，走山崗人

順次	滿洲語	漢　字	羅馬拼音	詞　義
54		特　烈	teliye	蒸
55		烏　頁	uye	蒙古語，世代
56		色　珍	sejen	車
57		碩　格	šoge	銀錁
58		穆克德	mukde	興盛
59		烏　哲	uje	蒙古語，看
60		迪　里	dili	頭
61		大悲努	dabeinu	
62		和囉木薩噶	horomsaga	蒙古語，弓靫
63		薩爾珠	sarju	唐古特語，新船
64		托　雲	toyon	準頭
65		托　紐	tonio	圍碁

順次	滿洲語	漢　字	羅馬拼音	詞　義
66		達　魯	dalu	蒙古語，琵琶骨
67		瑪　魯	malu	瓶
68		努克特	nukte	游牧處
69		貴　音	guin	蒙古語，淺
70		烏爾古巴	urgūba	蒙古語，已孳息
71		果　囉	goro	遠
72		托卜嘉	tobgiya	膝蓋骨
73		博　迪	bodi	蒙古語，菩提
74		布　庫	buku	善撲人
75		阿古齊	agūci	蒙古語，寬廠
76		錫　默	sime	蒙古語，精液
77		高　嘉	g'aogiya	

順次	滿洲語	漢　字	羅馬拼音	詞　義
78		錫里哈	siliha	已選拔
79		特默	teme	蒙古語，駱駝
80		章努	jangnu	
81		烏津	ujin	家生子
82		辰努	cengiyanu	
83		薩蘭	saran	蒙古語，月
84		佛德	fede	令其奮勉
85		烏庫哩	ukuri	牛
86		瑠嘉努	liogiyanu	
87		額特埒	etle	蒙古語，享受
88		舒	šu	文
89		特布	tebu	令盛裝

順次	滿洲語	漢　字	羅馬拼音	詞　　義
90		雅　魯	yalu	田界
91		珠　拉	jula	蒙古語，燈
92		錫爾格	sirge	絲
93		摩　哩	mori	蒙古語，馬
94		實　喇	sira	蒙古語，黃色
95		達勒達	dalda	遮蔽
96		魯　庫	luku	草木厚密
97		堅安巴	giyan amba	理大
98		瑪　古納古爾	magū nagūr	蒙古語，不善池
99		舒古魯	šu gulu	文朴素

順次	滿洲語	漢　字	羅馬拼音	詞　義
100		珊蘇庫	šan suku	耳皮革
101		珠勒呼	julhū	扯手
102		嘉　哩	giyari	令巡察
103		巴　爾 特哩袞	bar terigun	蒙古語， 虎為首
104		果　濟	goji	歪指
105		摩　多	modo	樹木
106		阿　巴	aba	圍
107		舒　嚕	šuru	珊瑚
108		繰　古	saogū	蒙古語， 坐
109		聶　呼	niyere	單弱

順次	滿洲語	漢字	羅馬拼音	詞義
110		伊穆埒爾	ile mur	蒙古語，明顯踪跡
111		納喇蘇	narasu	蒙古語，松樹
112		特哩袞	terigun	蒙古語，為首
113		托里	toli	蒙古語，鏡
114		呼哩	hūri	松子
115		塔勒滿	talman	霧
116		布呼	buhū	鹿
117		伊拉齊	ilaci	第三
118		哈達拉	hadala	轡
119		烏雲	uyun	九

順次	滿洲語	漢　字	羅馬拼音	詞　義
120		賽伯 音哩	sain beri	好弓
121		農袞	nunggun	六
122		額古 爾濟	erguji	蒙古語，已舉
123		裕勒沁	yul cin	唐古特語，地方大
124		轄塔哩	hiyatari	柵欄
125		托諾	tono	穹廬木圈頂
126		呼遜	hūsun	力
127		布倫	bulun	車頭
128		哈喇	hara	蒙古語，黑色
129		丕勒	pil	唐古特語，敷衍

順次	滿洲語	漢　字	羅馬拼音	詞　義
130		必里克	bilik	蒙古語，度量
131		烏穆珠	umuju	
132		伊　濟	iji	蒙古語，部
133		烏勒呼	ulhū	蘆葦
134		畢　老	birao	蒙古語，二歲牛
135		扎　拉	jala	蒙古語，帽纓
136		科　里	kooli	條例
137		多　科	doko	表
138		德勒賓	delbin	帽沿
139		色　克	seke	貂鼠
140		巴　拉	bala	梵語，護

順次	滿洲語	漢　字	羅馬拼音	詞　義
141		推　勒 伊　德	tuil ide	蒙古語， 極食
142		默　色	mese	蒙古語， 器械
143		科爾羅	k'orlo	唐古特語， 輪
144		羅卜科	lobko	蒙古語， 淖泥
145		糖哩	hiyari	斜眼
146		和　揄	horon	威
147		圖勒琿	tulhun	陰
148		呼喇台	hūratai	蒙古語， 有雨
149		伊聶濟	iniyeji	蒙古語， 已笑
150		布　哈	buha	蒙古語， 牝牛

順次	滿洲語	漢字	羅馬拼音	詞　義
151		庫克齊 庫克	kukekci	蒙古語， 催事人
152		吉琳	girin	一帶
153		濟勒台	jiltai	蒙古語， 有年
154		埒克	leke	礪石
155		岱爾	dair	蒙古語， 牡鹿
156		達里庫	dalikū	屏
157		德呼	dere	蒙古語， 上
158		羅索	loso	極濕難 耕地
159		尼古呼	nigūhū	蒙古語， 隱藏
160		呼爾察	hūrca	蒙古語， 敏捷
161		阿勒巴	alba	蒙古語， 官差
162		富勒呼	fulhū	口袋

順次	滿洲語	漢　字	羅馬拼音	詞　義
163		哈瑪爾	hamar	蒙古語， 行圍前引人
164		拉呼	lahū	不攬牲， 不善殺牲
165		蘇呼	sure	聰明
166		通果	tonggo	線
167		多囉	doro	道理
168		喇呼鼐	rahū nai	唐古特語， 羅睺所在
169		摩哩拉 呼摩哩	morilahū mori	蒙古語， 所乘之馬
170		努呼 克特	nurekte	髮
171		鄂津	ojin	捏摺女 朝褂
172		圖嚕	turu	蒙古語， 為首

順次	滿洲語	漢　字	羅馬拼音	詞　義
173		伊巴　遼勒	isun bal	蒙古語， 九蜂蜜
174		烏納	una	枸杞
175		伊喇	ira	穈黍
176		華喇	hūwara	鐵銼
177		尼古察	nigūca	蒙古語， 秘密
178		哈斯	has	蒙古語， 玉
179		溫	wen	化
180		新	sin	板斗
181		當達里	dangdali	攔河網
182		布爾古	burgu	肥
183		拜牲	baising	蒙古語， 土瓦房
184		默赫特	mehete	上唇短人

順次	滿洲語	漢　字	羅馬拼音	詞　義
185		托　津	tojin	孔雀
186		滿　達	manda	蒙古語，壇城
187		巴哩岱	baridai	蒙古語，執有
188		恭　噶	gungg'a	唐古特語，普喜
189		舒庫爾	šukur	蒙古語，傘
190		富珠哩	fujuri	勳舊
191		華　沙	hūwaša	令成就
192		拉　珠薩哈廉	laju sahaliyan	笨黑色
193		德　呼塔　喇	dere tara	蒙古語，上田
194		瓆　都	bindu	蒙古語，圈

順次	滿洲語	漢 字	羅馬拼音	詞 義
195		古丽錦	gūrgin	火燄
196		紳 圖	šentu	寬帶
197		唂 里	hali	有水寬甸處
198		唐古特	tanggūt	西番部名
199		扎 幹	jagan	蒙古語，象
200		錫 倫	silun	猞猁猻
201		錫 庫	sikū	箭眼
202		逹爾罕	darhan	蒙古語，凡有勤勞免其差役
203		阿 拉	ala	平矮山
204		綽卜鄂博	cob obo	高出祭處
205		古 格	guge	

順次	滿洲語	漢　字	羅馬拼音	詞　義
206		烏捋濟	uleji	蒙古語， 已餘
207		和　斯	hos	蒙古語， 雙
208		默　勒　濟	melji	蒙古語， 賭賽
209		摩　多 哈　里	modo hali	樹木有水 寬甸處
210		紐　歡	niohon	淡綠色
211		烏　爾　古 綽	urgū coo	蒙古語， 孳生地未 化透
212		舒　蘇	šusu	廩給
213		斡　里	wali	幻術
214		轄　魯	hiyalu	絡子
215		伊　實	isi	唐古特語， 智慧
216		伊　勒　希	ilhi	副

順次	滿洲語	漢　字	羅馬拼音	詞　義
217		齊　蘇	cisu	蒙古語，血
218		博勒岱	booldai	蒙古語，有奴僕
219		蘇爾台	surtai	蒙古語，有威
220		棟　爾	dung el	
221		色勒迪	seldi	甲
222		錫濟爾	sijir	蒙古語，精金
223		達　林	dalin	岸
224		伊楞古	ilenggu	舌
225		呼　喇	hūra	蒙古語，集聚
226		察　寶	casi	往彼
227		喜　格	hige	
228		蘇嚕克	suruk	蒙古語，馬羣

順次	滿洲語	漢字	羅馬拼音	詞義
229		善福	šanfu	
230		雅爾噶	yarg'a	唐古特語，夏令
231		紐斡哩	niowari	綠色
232		伯勒格	belge	蒙古語，先兆
233		伊勒哈	ilha	花
234		古雲	gu yun	唐古特語，身長遠
235		扎喀	jaka	物
236		壽格	šeoge	
237		寧古	ninggu	頂上
238		安巴達	amba da	大頭目
239		索紐	sonio	單

順次	滿洲語	漢　字	羅馬拼音	詞　義
240		珠嚕準	juru jun	雙竈
241		訥呼庫	nereku	斗篷
242		直　格	jyge	
243		錫沙哩	sišari	苧麻
244		呼圖哩	hūturi	福
245		察爾吉	cargi	那邊
246		巴雅爾	bayar	蒙古語，喜
247		珠　克	juk	穹廬氈屋
248		陶　罕	toohan	帶板
249		扎卜庫	jabkū	小箭囊
250		舒古寧	šu gūnin	文意

順次	滿洲語	漢　字	羅馬拼音	詞　義
251		察　布	cabu	令支搭
252		默克特	mekte	令賭賽
253		巴　蘭	baran	形勢
254		罕　都	handu	稻
255		嘉　們	giyamun	驛站
256		塔喇噶	taraga	田
257		穆　濟 伊　喇	muji ira	大麥 穈黍
258		霄　格	siyooge	
259		錫　袞	sigun	日
260		尼　哩	niri	唐古特語， 各二
261		諾木歡	nomhon	循良
262		哈　濟	haji	親近

順次	滿洲語	漢字	羅馬拼音	詞　義
263		多和	doho	石灰
264		達里塔	dalita	遮蔽
265		雅克尼哩	yak niri	唐古特語，管牛人
266		薩喇勒	saral	蒙古語，貂皮馬
267		瑚穆里	hūmuli	
268		瑚嚕古	hūrugū	蒙古語，手指
269		寧古齊	ningguci	第六
270		鄂囉羅	orolo	令頂替
271		阿嚕達蘭	aru dalan	蒙古語，山陰七十
272		昌珠	cangju	

順次	滿洲語	漢　字	羅馬拼音	詞　義
273		卓　庫	jokū	鍘刀
274		噶勒畢	galbi	耳聰
275		雅　爾 丕　勒	yarpil	唐古特語， 上昇
276		安　圖	antu	山陽
277		察　喇	cara	注酒器
278		古	gu	玉
279		旺　禄	wanglu	
280		訥默庫	nemeku	蒙古語， 添
281		哲　庫	jeku	穀
282		克實克 舒蘇	kesik šusu	恩廩給
283		克酬	keceo	蒙古語， 捷給人
284		摩約	moyo	鈍

順次	滿洲語	漢 字	羅馬拼音	詞 義
285		穆 濟	muji	大麥
286		薩哈勒	sahal	蒙古語， 鬚
287		圖 敏	tumin	濃厚
288		托 果	togo	蒙古語， 鍋
289		阿爾圖	artu	蒙古語， 有花紋
290		沙穆濟	ša muji	山後樹 林大麥
291		赫 德	hede	渣滓
292		楚實勒	cusil	唐古特語， 水晶
293		巴古濟	bagūji	蒙古語， 已下降
294		和碩鼐	hošonai	蒙古語， 旗分
295		納旺 舒克	na wangšuk	唐古特語， 鼻權

順次	滿洲語	漢　字	羅馬拼音	詞　義
296		布　琳	burin	蒙古語， 全
297		章烏克	jang uk	蒙古語， 性情根本
298		根　敦	gendun	唐古特語， 僧
299		普妳寧	pununing	
300		達罕	dahan	馬駒
301		布　希	buhi	去毛 鹿皮
302		烏　里	uli	弓弦
303		推　勒	tuil	蒙古語， 極
304		赫勒訥	helne	令往請
305		哈　雅	haya	蒙古語， 帳房氈帷
306		烏　延	uyan	柔軟
307		哈爾瑪	harma	蒙古語， 肉醬

順次	滿洲語	漢字	羅馬拼音	詞　義
308		托卜威	tob ui	唐古特語，得中
309		巴延	bayan	富
310		克特	ket	蒙古語，火鐮
311		德布	debu	令坐補
312		威烏克	oi uk	蒙古語，樹林根本
313		巴寧	banin	性
314		錫喇伊囉斡	sira irowa	蒙古語，黃色吉兆
315		哲伯埒	jebele	撒袋
316		穆爾古	murgu	蒙古語，令叩頭
317		碩羅	šolo	閑暇

順次	滿洲語	漢　字	羅馬拼音	詞　義
318		尼勒堅	nilgiyan	光潤
319		斡尼 奇伊	wanikii	
320		雅嚕	yaru	鮻魚
321		雅圖噶	yatuga	蒙古語， 箏
322		和勒敦	holdon	烟墩
323		老君努	laogiyūnnu	
324		努克	nuke	蒙古語， 孔
325		伊里	ili	令立
326		托色	toose	權
327		阿爾嘉	argiya	令其芟削
328		果哈	goha	蒙古語， 鉤

順次	滿洲語	漢　字	羅馬拼音	詞　義
329		納穆爾	namur	蒙古語，秋
330		博諾	bono	雹
331		都倫雅里	durun yali	規模肉
332		布格	būge	蒙古語，巫
333		旺布	wangbu	唐古特語，權
334		伊囉斡	irowa	蒙古語，吉兆
335		訥呼台	neretai	蒙古語，有名
336		噶楚噶	gacuga	蒙古語，週欄豎柱
337		薩木實	samsi	散
338		佛努	fonu	
339		庫濟	kuji	蒙古語，香
340		佛哩	feri	股子皮

順次	滿洲語	漢字	羅馬拼音	詞義
341		伯埒	bele	米
342		持特	c'yt	唐古特語，前引人
343		布克達哩	bukdari	摺子
344		哈喇噶扎爾	hara gajar	蒙古語，黑色地
345		和克台	hoktai	蒙古語，有產業
346		琳巴	rinba	唐古特語，層次
347		僧庫埒	sengkule	韭菜
348		舍音	šeyen	白色
349		達哩	dari	蒙古語，火藥
350		呼勒希	hūlhi	愚昧
351		鄂勒歡	olhon	乾

順次	滿洲語	漢 字	羅馬拼音	詞 義
352		鄂勒博	olbo	馬褂
353		紐勒琿	niolhun	正月十六日
354		舒僧格	šu sengge	文老人
355		實埒	sile	湯
356		崇烏嚕	cungguru	臍
357		音德爾	yender	蒙古語，楷
358		圖古勒	tugūl	蒙古語，牛犢
359		達達哩	dadari	打騷鼠之器
360		葉嚕	yeru	獸穴
361		和克岱	hokdai	蒙古語，有產業
362		固寧	gūnin	意

順次	滿洲語	漢　字	羅馬拼音	詞　義
363		烏爾古	urgū	蒙古語，孿生
364		和珍	huwejen	屏
365		都圖	dutu	耳聾
366		崆郭囉	konggoro	黃馬
367		扎穆	jamu	桃紅色
368		晗密喀	hamika	將近
369		布爾德	burde	令吹海螺
370		必舒	bišu	撫摩

資料來源：《欽定四庫全書》，「史部」，《欽定遼史語解》，卷六、卷七。

　　《欽定遼史語解》卷六至卷九为「人名」，人數眾多。表中塔拉，滿洲語讀如 "tala"，意即「野外」，卷六十六作「惕剌」，卷三作「鐵剌」，並非一人。實默克，滿洲語讀如 "simeke"，意即「浸潤」，卷六十六作「匣馬葛」，卷七十五作「霞馬葛」，並非一人。托音，蒙古語讀如 "toin"，意即「僧」，卷六十六作「鐸穩」。希達，滿洲

語讀如 "hida" ，意即「簾」，卷六十六作「轄底」，又作
「奚底」、「奚低」，卷二作「霞的」，卷四作「轄德」，
並非一人。納爾琿，滿洲語讀如 "narhūn" ，意即「細」，
卷一一二作「涅烈袞」。烏蘇，蒙古語讀如 "usu" ，意即
「水」，卷六十六作「偶思」，卷一作「緇思」，並非一
人。和爾郭勒濟，蒙古語讀如 "horgolji" ，意即「鉛」，
卷六十六作「胡古只」，卷六作「忽古質」，並非一人。
摩綽，滿洲語讀如 "moco" ，意即「拙鈍」，卷六十六作
「末掇」。春博里，滿洲語讀如 "comboli" ，意即「脇下
軟處」，卷六十六作「楚不魯」，卷五作「楚補里」，並非
一人。華格，讀如 "hūwage" ，無解義，卷六十六作「滑
哥」，卷一作「化哥」，係一人，卷六作「華割」，卷七
作「化葛」，並非一人。薩布，滿洲語讀如 "sabu" ，意即
「鞋」，卷六十六作「賽保」。

　　巴哩，蒙古語讀如 "bari" ，意即「執」，卷六十六
作「拔里」，卷二作「霸里」，並非一人。瑠格，讀如
"lioge" ，卷五作「留哥」。布格，蒙古語讀如 "būge" ，
意即「巫」，卷六十六作「盆哥」。科科里，滿洲語讀如
"kokoli" ，意即「瞞頭套」，又作「幔頭套」，卷六十六
作「化葛里」。希斯，滿洲語讀如 "hisy" ，意即「山傍
險峻處」，卷六十六作「奚寋」，卷二十三作「邅拾」，
並非一人，卷二十九作「哂斯」，卷六十九作「邅搭」。
察克，蒙古語讀如 "cak" ，意即「時」，卷五作「察
割」，卷十五作「查割」，卷十六作「冊割」，卷十七作
「查葛」，卷二十作「柴葛」，並非一人。烏紳，滿洲
語讀如 "usin" ，意即「田」，卷一一二作「歐辛」。隆

科，滿洲語讀如“longko”，意即「銅鍋」，卷六十六作「妻國」，又作「老古」，並非一人。密遜，滿洲語讀如“misun”，意即「醬」，卷一一二作「勉辛」。完，滿洲語讀如“wan”，意即「梯」，卷六作「宛」。舒嚕，滿洲語讀如“šuru”，意即「珊瑚」，卷六十六作「室魯」。伊實揚，唐古特語「伊實」讀如“isi”，意即「智慧」，「揚」讀如“yang”，意即「聲音」，卷八十一作「乙辛隱」。實神努，讀如“šišennu”，卷八十一作「十神奴」。烏魯斯，蒙古語讀如“ulus”，意即「國」，卷八十一作「歐里斯」，卷一作「歐里思」，並非一人。斡格，讀如“wage”，卷六十六作「蛙哥」。蘇克，蒙古語讀如“suke”，意即「斧」，卷十五作「遂哥」。謝嘉努，讀如“siyegiyanu”，卷十五作「謝家奴」。埒富，滿洲語讀如“lefu”，意即「熊」，卷十七作「旅墳」。蘇色，滿洲語讀如“suse”，意即「潦草」，卷八作「速撒」，卷六十六作「蘇撒」，係一人。卷四作「素撒」，卷七十八作「蘇散」，並非一人。

呼圖克，蒙古語讀如“hūtuk”，意即「福」。卷十五作「胡都古」。赫魯，滿洲語讀如“heru”，意即「車輻」，卷六十六作「合祿」，又作「喝魯」，又作「曷魯」，卷二十八作「合魯」，並非一人。尼嚕古，蒙古語讀如“nirugū”，意即「腰」，卷十九作「涅魯古」，卷一作「涅里袞」，卷十七作「涅里姑」，卷七十七作「泥魯袞」，並非一人，又係女名。實都，蒙古語讀如“sidu”，意即「牙」，卷六十六作「石篤」。塔喇台，蒙古語讀如“taratai”，意即「有田」，卷六十六作「迭里特」，卷

二十作「迭里得」，卷二十四作「特里底」，卷二十六作「得里底」，卷二十七作「得裏特」，並非一人。阿勒坦，蒙古語讀如"altan"，意即「金」，卷六十六作「阿魯敦」。舒蘇，滿洲語讀如"šusu"，意即「廩給」，卷六十六作「神速」，卷七作「矧思」，並非一人。

　　薩結，唐古特語「薩」讀如"sa"，意即「地」，「結」讀如"giye"，意即「開廣」，卷六十六作「撒給」。罕扎，滿洲語讀如"hanja"，意即「廉」，卷六十六作「痕只」，卷九十二作「韓家」，並非一人。斡，滿洲語讀如"wa"，意即「氣味」，卷三作「洼」。休格，讀如"hioge"，卷六十六作「休哥」，卷二十五作「朽哥」，並非一人。和卓，滿洲語讀如"hojo"，意即「美好」，卷六十六作「合住」，卷六作「曷主」，卷十五作「合卓」，卷九十三作「合朮」，卷一一二作「劃者」，並非一人。阿里，滿洲語讀如"ali"，意即「令其承當」，卷六十六作「阿烈」。諾觀，蒙古語讀如"nogon"，意即「綠色」，卷六十六作「奴瓜」，卷十作「裏袞」，並非一人。辰格，讀如"cenge"，卷六十六作「陳哥」。嘉努，讀如"giyanu"，卷六十六作「家奴」。羅漢努，讀如"lohannu"，卷十九作「羅漢奴」，以佛號為名。達嚕噶，蒙古語讀如"daruga"，意即「頭目」，卷十九作「敵魯古」。果實，滿洲語讀如"gosi"，意即「疼愛」，卷十九作「高十」。呼魯蘇，蒙古語讀如"hūlusu"，意即「蘆葦」，卷六十六作「豁里斯」。圖勒錦，滿洲語讀如"tulgiyen"，意即「此外之外」，卷六十六作「圖魯窘」，卷八十五作「陀羅斤」，並非一人。唐古，滿洲語讀

如 "tanggū" ，意即「百」，卷六十六作「棠古」，卷七作「唐果」，卷九作「唐笴」，並非一人。

實納齊，蒙古語讀如 "sinaci" ，意即「走山崗人」，卷六十六作「斜涅赤」。特烈，滿洲語讀如 "teliye" ，意即「蒸」，卷六十六作「撻烈」。烏頁，蒙古語讀如 "uye" ，意即「世代」，卷二十六作「吾也」，卷九十二作「烏野」，並非一人。色珍，滿洲語讀如 "sejen" ，意即「車」，卷八作「斜軫」。碩格，滿洲語讀如 "šoge" ，意即「銀錁」，卷六十六作「朔古」，卷一一二作「朔括」，並非一人。穆克德，滿洲語讀如 "mukde" ，意即「興盛」，卷七十六作「彌骨頂」。烏哲，蒙古語讀如 "uje" ，意即「看」，卷五作「屋質」，卷二十作「尤者」，卷一一四作「兀直」，並非一人。迪里，索倫語讀如 "dili" ，意即「頭」，卷六十六作「滌列」，又作「的烈」，卷二作「迭里」、「迭烈」、「覿烈」，卷十五作「敵烈」，卷九十三作「低烈」，卷一一二作「敵獵」，並非一人。大悲努，讀如 "dabeinu" ，卷六十六作「大悲奴」，以佛號為名。和囉木薩噶，蒙古語讀如 "horomsaga" ，意即「弓靫」，卷三作「阿魯掃古」。薩爾珠，唐古特語讀如 "sarju" ，意即「新船」，卷六十六作「撒剌竹」。托雲，滿洲語讀如 "toyon" ，意即「準頭」，卷六十六作「頹昱」，卷十四作「圖玉」，並非一人。托紐，滿洲語讀如 "tonio" ，意即「圍碁」，卷七十七作「團寧」，卷九十二作「禿寧」，並非一人。達魯，蒙古語讀如 "dalu" ，意即「琵琶骨」，卷六十六作「敵祿」，又作「的祿」，卷一作「敵魯」，卷三作「的魯」，並

非一人，卷八十四為女名。瑪魯，滿洲語讀如 "malu"，
意即「瓶」，卷十九作「馬六」。努克特，滿洲語讀如
"nukte"，意即「游牧處」，卷六十六作「奴古達」。

　　貴音，蒙古語讀如 "guin"，意即「淺」，卷六十六
作「瑰音」，卷九十作「瑰引」。烏爾古巴，蒙古語讀如
"urgūba"，意即「已孳息」，卷六十六作「烏古不」。果
囉，滿洲語讀如 "goro"，意即「遠」，卷六十六作「國
留」。托卜嘉，滿洲語讀如 "tobgiya"，意即「膝蓋骨」，
卷六十六作「撻不也」。博迪，蒙古語讀如 "bodi"，意即
「菩提」，卷六十六作「頗的」，卷八十四作「婆典」，並
非一人。布庫，滿洲語讀如 "buku"，意即「善撲人」，
卷六十六作「蒲古」，又作「普古」，卷三十七作「普
古」，卷七作「舖古」，並非一人。阿古齊，蒙古語讀如
"agūci"，意即「寬廠」，卷六十六作「罨古只」，卷一
作「遏古只」、「阿骨只」、「阿古只」，卷二十七作「阿
鶻產」，卷一一四作「阿古哲」，並非一人。錫默，蒙古
語讀如 "sime"，意即「精液」，卷六十六作「霞抹」，卷
二十九作「遐買」，並非一人。高嘉，讀如 "g'aogiya"，
卷六十六作「高家」。錫里哈，滿洲語讀如 "siliha"，意
即「已選拔」，卷六十六作「釋魯幹」。特默，蒙古語讀如
"teme"，意即「駱駝」，卷二十五作「特抹」，卷六十六
作「特摩」，卷十九作「特末」，卷一〇一作「特免」，
並非一人。章努，讀如 "jangnu"，卷二十八作「章奴」。
烏津，滿洲語讀如 "ujin"，意即「家生子」，卷六十六
作「吳九」。辰嘉努，讀如 "cengiyanu"，卷二十五作
「陳家奴」。薩蘭，蒙古語讀如 "saran"，意即「月」，

卷七十三作「撒懶」。佛德，滿洲語讀如“fede”，意即「令其奮勉」，卷六十六作「頗得」。烏庫哩，索倫語讀如“ukuri”，意即「牛」，卷七十三作「兀古隣」，卷八十作「烏古隣」，並非一人，卷十作「烏骨里」，係女名。瑠嘉努，讀如“liogiyanu”，卷六十六作「劉家奴」。額特埒，蒙古語讀如“etle”，意即「享受」，卷六十六作「斡特剌」，卷八十三作「訛特懶」，並非一人，卷七十一作「斡特懶」，係女名。舒，滿洲語讀如“šu”，意即「文」，卷八作「稍」。特布，滿洲語讀如“tebu”，意即「令其盛裝」，卷三十一作「貼不」。雅魯，滿洲語讀如“yalu”，意即「田界」，卷三十一作「耶魯」。珠拉，蒙古語讀如“jula”，意即「燈」，卷六十四作「尤烈」。

錫爾格，滿洲語讀如“sirge”，意即「絲」，卷一作「轄剌哥」。摩哩，蒙古語讀如“mori”，意即「馬」，卷一作「年里」，卷二十八作「末里」，並非一人。實喇，蒙古語讀如“sira”，意即「黃色」，卷一作「轄剌」，卷十六作「虛列」，卷二十七作「實婁」，卷七十七作「石剌」，卷七十四作「匣列」，並非一人。達勒達，滿洲語讀如“dalda”，意即「遮蔽」，卷一作「迭栗底」，卷七作「敵答」，卷三十作「達達」，並非一人。魯庫，滿洲語讀如“luku”，意即「草木厚密」，卷一作「樂姑」，卷四作「略姑」，卷六十七作「勞古」，並非一人。堅安巴，滿洲語讀如“giyan amba”，意即「理大」，卷一作「僅阿鉢」。瑪古納古爾，蒙古語讀如“magū nagūr”，意即「不善池」，卷一作「弭姑乃懷里」。舒古魯，滿洲語讀如“šu gulu”，意即「文朴素」，卷一作「蜀古魯」。珊蘇庫，

滿洲語讀如 "šan suku"，意即「耳皮革」，卷一作「神速姑」。珠勒呼，滿洲語讀如 "julhū"，意即「扯手」，卷一作「直里姑」，又作「只里姑」，卷二作「只里古」，卷十一作「姪里姑」，卷一〇八作「直魯古」，並非一人。嘉哩，滿洲語讀如 "giyari"，意即「令其巡察」，卷一作「解里」。

　巴爾特哩袞，蒙古語「巴爾」讀如 "bar"，意即「虎」，「特哩袞」讀如 "terigun"，意即「為首」，卷一作「拔剌迪里姑」。果濟，滿洲語讀如 "goji"，意即「歪指」，卷一作「古只」，卷六十五作「高九」，並非一人。摩多，蒙古語讀如 "modo"，意即「樹木」，卷一作「磨朵」，卷六十三作「默啜」，並非一人。阿巴，滿洲語讀如 "aba"，意即「打圍」、「畋獵」，卷一作「阿鉢」。舒嚕，滿洲語讀如 "šuru"，意即「珊瑚」，卷一作「實魯」，又作「室魯」、「述呂」，卷七作「失魯」，並非一人。繰古，蒙古語讀如 "saogū"，意即「坐」，卷一作「掃古」，卷十七作「慅古」，又作「掃姑」，卷五十八作「娑古」，並非一人。聶呼，滿洲語讀如 "niyere"，意即「單弱」，卷一作「涅离」，卷十六作「涅里」，卷二十五作「聶里」，卷三十二作「涅勒」，並非一人。伊埒穆爾，蒙古語讀如 "ile mur"，意即「明顯踪跡」，卷一作「雅里彌里」。納喇蘇，蒙古語讀如 "narasu"，意即「松樹」，卷一作「涅里思」。特哩袞，蒙古語讀如 "terigun"，意即「為首」，卷一作「迪里姑」，卷十五作「題里姑」，並非一人。托里，蒙古語讀如 "toli"，意即「鏡」，卷一作「特里」，卷七作「禿里」，並非一人。呼哩，滿洲語讀如

　"hūri"，意即「松子」，卷一作「忽烈」，卷十一作「燅列」，卷十九作「忽列」，卷二十五作「胡呂」，卷一〇一作「胡劣」，卷一〇三作「湖烈」，並非一人。塔勒滿，滿洲語讀如 "talman"，意即「霧」，卷一作「特离敏」。布呼，滿洲語讀如 "buhū"，意即「鹿」，卷一作「怖胡」。伊拉齊，滿洲語讀如 "ilaci"，意即「第三」，卷一作「亞里只」。哈達拉，滿洲語讀如 "hadala"，意即「彎」，卷一作「赫底里」。烏雲，滿洲語讀如 "uyun"，意即「九」，卷一作「兀欲」，卷三十二作「勿于」，並非一人。賽音伯哩，滿洲語讀如 "sain beri"，意即「好弓」，卷一作「賽保里」。農袞，索倫語讀如 "nunggun"，意即「六」，卷一作「奴古」，卷七作「女古」，並非一人。

　　額爾古濟，蒙古語讀如 "erguji"，意即「已舉」，卷一作「曷魯只」。裕勒沁，唐古特語讀如 "yul cin"，意即「地方大」，卷一作「汙里軫」，亦作「兀里軫」，係一人。轄塔哩，滿洲語讀如 "hiyatari"，意即「柵欄」，卷二作「轄得里」。托諾，滿洲語讀如 "tono"，意即「穹廬木圈頂」，卷二作「禿餒」，卷七作「屯奴」，並非一人。呼遜，滿洲語讀如 "hūsun"，意即「力」，卷二作「胡損」，又作「胡遜」，係一人，卷三十作「虎思」，並非一人。布倫，滿洲語讀如 "bulun"，意即「車頭」，卷二作「勃魯恩」。哈喇，蒙古語讀如 "hara"，意即「黑色」，卷二作「曷剌」，卷四作「何剌」，並非一人。丕勒，唐古特語讀如 "pil"，意即「敷衍」，卷二作「闢遏」，卷八作「婆兒」，並非一人。必里克，蒙古語讀如 "bilik"，意即「度量」，卷二作「畢離遏」，卷三十作「畢勒哥」，並

非一人。烏穆珠，讀如"umuju"，卷二作「烏母主」。伊
濟，蒙古語讀如"iji"，意即「一部書之部」，卷二作「羽
之」，卷十六作「要只」，卷九十四作「翼只」，並非一
人。烏勒呼，滿洲語讀如"ulhū"，意即「蘆葦」，卷二作
「烏魯古」。

　　畢老，蒙古語讀如"birao"，意即「二歲牛」，卷二
作「匹魯」。扎拉，蒙古語讀如"jala"，意即「帽纓」，
卷三作「查剌」，卷一〇六作「扎剌」，並非一人。科里，
滿洲語讀如"kooli"，意即「條例」，卷三作「課里」，
卷四作「濶里」，並非一人。多科，滿洲語讀如"doko"，
意即「表裏之裏」，卷三作「鐸括」。德勒賓，滿洲語讀
如"delbin"，意即「帽沿」，卷三作「迪离畢」。色克，
滿洲語讀如"seke"，意即「貂鼠」，卷三作「撒割」。
巴拉，梵語讀如"bala"，意即「護」，卷三作「拔剌」。
推勒伊德，蒙古語「推勒」讀如"tuil"，意即「極」，
「伊德」讀如"ide"，意即「食」，卷三作「退欲德」。
默色，蒙古語讀如"mese"，意即「器械」，卷三作「緬
思」。科爾羅，唐古特語讀如"k'orlo"，意即「輪」，
卷三作「窟魯里」。羅卜科，蒙古語讀如"lobko"，意即
「淖泥」，卷三作「盧不姑」，卷四作「魯不古」，卷七十
作「盧僕古」，並非一人。轄哩，滿洲語讀如"hiyari"，
意即「斜眼」，卷三作「轄里」，卷四作「諧里」，卷七
作「霞里」，卷八十四作「項烈」，並非一人。和掄，滿
洲語讀如"horon"，意即「威」，卷三作「曷魯恩」，
卷七十四作「合魯隱」，並非一人。圖勒琿，滿洲語讀如
"tulhun"，意即「陰晴之陰」，卷三作「徒离骨」。呼喇

台，蒙古語讀如"hūratai"，意即「有雨」，卷三作「鶻离底」。伊聶濟，蒙古語讀如"iniyeji"，意即「已笑」，卷三作「寅你己」，卷七作「寅尼吉」，並非一人。布哈，蒙古語讀如"buha"，意即「牡牛」，卷三作「陪阿」。庫克克齊，蒙古語讀如"kukekci"，意即「催事人」，卷三作「酷古只」。吉琳，滿洲語讀如"girin"，意即「一帶」，卷三作「解領」。

濟勒台，蒙古語讀如"jiltai"，意即「有年」，卷三作「解里德」。埒克，滿洲語讀如"leke"，意即「礪石」，卷三作「剌哥」，卷七作「騰哥」，並非一人。岱爾，蒙古語讀如"dair"，意即「牡鹿」，卷三作「觯里」。達里庫，滿洲語讀如"dalikū"，意即「屏」，卷三作「的烈古」。德呼，蒙古語讀如"dere"，意即「上」，卷三作「迭烈」，卷四作「牒蠟」，並非一人。羅索，滿洲語讀如"loso"，意即「極濕難耕地」，卷三作「烈率」，卷二十七作「婁室」，卷四十七作「烈束」，並非一人。尼古呼，蒙古語讀如"nigūhū"，意即「隱藏」，卷三作「裏古皇」。呼爾察，蒙古語讀如"hūrca"，意即「敏捷」，卷三作「胡离只」。阿勒巴，蒙古語讀如"alba"，意即「官差」，卷三作「阿剌保」。富勒呼，滿洲語讀如"fulhū"，意即「口袋」，卷三作「蒲里骨」。哈瑪爾，蒙古語讀如"hamar"，意即「行圍前引人」，卷三作「胡末里」，卷六作「霞馬」，卷二十九作「霞末」，卷七十八作「忽沒里」，並非一人。拉呼，滿洲語讀如"lahū"，意即「不攬牲者」、「不善殺牲者」，卷四作「了古」。蘇呼，滿洲語讀如"sure"，意即「聰明」，卷四作「述蘭」，又作「恤

烈」，卷六十六作「迸烈」，並非一人。通果，滿洲語讀如
"tonggo"，意即「線」，卷四作「同括」。多囉，滿洲語
讀如"doro"，意即「道理」，卷四作「多里」，卷六十三
作「咄羅」，並非一人。

喇呼鼐，唐古特語讀如"rahū nai"，意即「羅睺所
在」，卷四作「勞骨寧」。摩哩拉呼摩哩，蒙古語讀如
"morilahū mori"，意即「所乘之馬」，卷四作「墨離鶻末
里」。努呼克特，索倫語讀如"nurekte"，意即「髮」，
卷四作「涅离骨德」。鄂津，滿洲語讀如"ojin"，意即
「捏摺女朝褂」，卷四作「歐厘」。圖嚕，蒙古語讀如
"turu"，意即「為首」，卷四作「突呂」，卷三十作
「禿魯」，並非一人。伊遜巴勒，蒙古語「伊遜」讀如
"isun"，意即「九」，「巴勒」讀如"bal"，意即「蜂
蜜」，卷四作「乙斯勃」。烏納，滿洲語讀如"una"，意
即「枸杞」，卷四作「溫納」，卷一一三作「烏輦」，並
非一人。伊喇，滿洲語讀如"ira"，意即「穈黍」，卷四
作「拽剌」，卷九十四作「夷剌」，並非一人。華喇，滿
洲語讀如"hūwara"，意即「鐵銼」，卷四作「畫里」。
尼古察，蒙古語讀如"nigūca"，意即「秘密」，卷四作
「裹古只」，卷七十三作「裹古直」。哈斯，蒙古語讀如
"has"，意即「玉」，卷四作「海思」，卷十六作「罕
四」，並非一人。溫，滿洲語讀如"wen"，意即「化」，
卷四作「隈恩」。新，滿洲語讀如"sin"，意即「板斗」，
卷四作「信恩」。當達里，滿洲語讀如"dangdali"，意
即「攔河網」，卷四作「撻德里」。布爾古，索倫語讀如
"burgu"，意即「肥」，卷四作「蒲骨」。拜甡，蒙古語

讀如"baising"，意即「土瓦房」，卷四作「拜石」。默赫特，滿洲語讀如"mehete"，意即「上唇短人」，卷四作「密骨德」，卷六作「眉古得」，並非一人。托津，滿洲語讀如"tojin"，意即「孔雀」，卷四作「喘引」。滿達，蒙古語讀如"manda"，意即「壇城」，卷四作「麻答」。巴哩岱，蒙古語讀如"baridai"，意即「有執」，卷四作「拔里得」。恭噶，唐古特語讀如"gungg'a"，意即「普喜」，卷四作「孔阿」。舒庫爾，蒙古語讀如"šukur"，意即「傘」，卷四作「朔骨里」。富珠哩，滿洲語讀如"fujuri"，意即「勳舊」，卷四作「傅住兒」。華沙，滿洲語讀如"hūwaša"，意即「令其成就」，卷五作「劃設」。拉珠薩哈廉，滿洲語「拉珠」讀如"laju"，意即「笨」，「薩哈廉」讀如"sahaliyan"，意即「黑色」，卷五作「剌只撒古魯」。

德呼塔喇，蒙古語「德呼」讀如"dere"，意即「上」，「塔喇」讀如"tara"，意即「田」，卷五作「的魯鐵剌」。璸都，蒙古語讀如"bindu"，意即「圈點之圈」，卷五作「盆都」。古爾錦，滿洲語讀如"gūrgin"，意即「火燄」，卷五作「胡離軫」。紳圖，滿洲語讀如"šentu"，意即「寬帶」，卷六作「神都」，卷八作「神覩」，並非一人。哈里，滿洲語讀如"hali"，意即「有水寬甸處」，卷六作「海里」，又作「海璐」，並非一人。唐古特，索倫語讀如"tanggūt"，意即「西番部名」，卷六作「唐骨德」。扎幹，蒙古語讀如"jagan"，意即「象」，卷六作「稽幹」。錫倫，滿洲語讀如"silun"，意即「猞猁猻」，卷六作「新羅」。錫庫，滿洲語讀如"sikū"，意

即「箭眼」，卷六作「肖古」，卷二十八作「虛古」，並非一人，卷二十四作「削古」，係女名。達爾罕，蒙古語讀如"darhan"，意即「凡有勤勞免其差役」，卷六作「達干」，卷十作「撻剌干」，並非一人。阿拉，滿洲語讀如"ala"，意即「平矮山」，卷六作「阿剌」。綽卜鄂博，滿洲語「綽卜」讀如"cob"，意即「高出」，蒙古語「鄂博」讀如"obo"，意即「堆石以為祭處」，卷六作「楚阿不」。古格，讀如"guge"，卷六作「古哥」。烏埒濟，蒙古語讀如"uleji"，意即「已餘」，卷六作「烏里只」。

　　和斯，蒙古語讀如"hos"，意即「雙」，卷六作「護思」。默勒濟，蒙古語讀如"melji"，意即「賭賽」，卷六作「彌里吉」，卷十七作「迷離己」，並非一人。摩多哈里，蒙古語「摩多」讀如"modo"，意即「樹木」，滿洲語「哈里」讀如"hali"，意即「有水寬甸處」，卷七作「沒答海里」。紐歡，滿洲語讀如"niohon"，意即「淡綠色」，卷七作「女瓛」。烏爾古綽，蒙古語「烏爾古」讀如"urgū"，意即「孳生」，「綽」讀如"coo"，意即「地未化透」，卷七作「烏古者」。舒蘇，滿洲語讀如"šusu"，意即「廩給」，卷七作「矧思」。斡里，滿洲語讀如"wali"，意即「幻術」，卷七作「斡里」，卷九作「瓦里」。轄魯，滿洲語讀如"hiyalu"，意即「絡子」，卷七作「小六」，卷二十作「興老」，並非一人。

　　伊實，唐古特語讀如"isi"，意即「智慧」，卷七作「乙實」，卷十五作「一室」，卷二十七作「乙薛」，並非一人。伊勒希，滿洲語讀如"ilhi"，意即「副」，卷七作「雅里斯」。齊蘇，蒙古語讀如"cisu"，意即「血」，

卷七作「楚思」。博勒岱，蒙古語讀如 "booldai" ，意即「有奴僕」，卷七作「勃勒底」。蘇爾台，蒙古語讀如 "surtai" ，意即「有威」，卷七作「窣離底」。棟爾，讀如 "dung el" ，卷七作「東兒」。色勒迪，索倫語讀如 "seldi" ，意即「甲」，卷七作「沙剌迭」，卷八作「斜里底」，並非一人。錫濟爾，蒙古語讀如 "sijir" ，意即「精金」，卷七作「尋吉里」。達林，滿洲語讀如 "dalin" ，意即「岸」，卷七作「撻凜」，卷十作「闥覽」，係一人。伊楞古，滿洲語讀如 "ilenggu" ，意即「舌」，卷七作「俞魯古」，卷十作「易魯姑」，並非一人。呼喇，蒙古語讀如 "hūra" ，意即「集聚」，卷七作「忽剌」。察實，滿洲語讀如 "casi" ，意即「往彼」，卷七作「常思」。喜格，讀如 "hige" ，卷七作「喜哥」。蘇嚕克，蒙古語讀如 "suruk" ，意即「馬羣」，卷七作「隨魯」。善福，讀如 "šanfu" ，卷七作「衫福」。雅爾噶，唐古特語讀如 "yarg'a" ，意即「夏令」，卷七作「押剌葛」。紐斡哩，滿洲語讀如 "niowari" ，意即「綠色」，卷七作「裹里」。伯勒格，蒙古語讀如 "belge" ，意即「先兆」，卷七作「拔剌哥」。伊勒哈，滿洲語讀如 "ilha" ，意即「花」，卷七作「夷臘葛」，卷四十八作「夷剌葛」，係一人。

　　古雲，唐古特語「古」讀如 "gu" ，意即「身」，「雲」讀如 "yun" ，意即「長遠」，卷七作「骨欲」，卷十七作「古昱」，卷十九作「谷欲」，並非一人。扎喀，滿洲語讀如 "jaka" ，意即「物」，卷七作「札葛」。壽格，讀如 "šeoge" ，卷七作「壽哥」。寧古，滿洲語讀如 "ninggu" ，意即「頂上」，卷七作「念古」。安巴達，

滿洲語讀如"amba da"，意即「大頭目」，卷七作「阿不底」。索紐，滿洲語讀如"sonio"，意即「單雙之單」，卷七作「粹你」，卷八十九作「速寧」，並非一人。珠嚕準，滿洲語「珠嚕」讀如"juru"，意即「雙」，「準」讀如"jun"，意即「竈」，卷七作「尤里者」。訥呀庫，滿洲語讀如"nereku"，意即「斗篷」，卷七作「涅里括」。直格，讀如"jyge"，卷七作「直哥」。錫沙哩，滿洲語讀如"sišari"，意即「苧麻」，卷七作「霞實里」。呼圖哩，滿洲語讀如"hūturi"，意即「福」，卷七作「胡特魯」。察爾吉，滿洲語讀如"cargi"，意即「那邊」，卷七作「抄里只」。巴雅爾，蒙古語讀如"bayar"，意即「喜」，卷七作「排押」，卷十一作「排亞」，並非一人。珠克，索倫語讀如"juk"，意即「穹廬氊屋」，卷七作「昭古」。陶罕，滿洲語讀如"toohan"，意即「帶板」，卷七作「陶瑰」。扎卜庫，滿洲語讀如"jabkū"，意即「小箭囊」，卷七作「札不哥」。舒古寧，滿洲語讀如"šu gūnin"，意即「文意」，卷七作「蘇古涅」。察布，滿洲語讀如"cabu"，意即「令其支搭」，卷七作「雛保」。默克特，滿洲語讀如"mekte"，意即「令其賭賽」，卷七作「彌古特」。巴蘭，滿洲語讀如"baran"，意即「形勢」，卷七作「八剌」。罕都，滿洲語讀如"handu"，意即「稻」，卷七作「痕篤」。嘉們，滿洲語讀如"giyamun"，意即「驛站」，卷七作「憂陌」。塔喇噶，索倫語讀如"taraga"，意即「田」，卷七作「搭烈葛」，卷九作「迭烈葛」，卷十一作「撻烈哥」，卷十六作「踏剌葛」，並非一人。

　　穆濟伊喇，滿洲語「穆濟」讀如"muji"，意即「大

麥」，「伊喇」讀如“ira”，意即「糜黍」，卷七作「末及益剌」。霄格，讀如“siyooge”，卷七作「小哥」。錫袞，索倫語讀如“sigun”，意即「日」，卷七作「辛古」，卷七十八作「斯奴古」，係一人。

尼哩，唐古特語讀如“niri”，意即「各二」，卷八作「女里」。諾木歡，滿洲語讀如“nomhon”，意即「循良」，卷八作「粘木袞」。哈濟，滿洲語讀如“haji”，意即「親近」，卷八作「海只」，卷十六作「韓九」，並非一人。多和，滿洲語讀如“doho”，意即「石灰」，卷八作「鐸遏」。達里塔，滿洲語讀如“dalita”，意即「遮蔽」，卷八作「達里迭」，卷十四作「達里底」，並非一人。雅克尼哩，唐古特語讀如“yak niri”，意即「管牛人」，卷八作「延尼里」。薩喇勒，蒙古語讀如“saral”，意即「貂皮馬」，卷八作「實魯里」，卷十二作「速魯里」，又作「厮魯里」，並非一人。瑚穆里，讀如“hūmuli”，卷八作「胡母里」。瑚嚕古，蒙古語讀如“hūrugū”，意即「手指」，卷八作「胡魯古」。寧古齊，滿洲語讀如“ningguci”，意即「第六」，卷八作「尼古只」。鄂囉羅，滿洲語讀如“orolo”，意即「令其頂替」，卷八作「斡里魯」。阿嚕達蘭，蒙古語「阿嚕」讀如“aru”，意即「山陰」，「達蘭」讀如“dalan”，意即「七十」，卷八作「曷魯撻覽」。昌珠，讀如“cangju”，卷八作「昌尤」。卓庫，滿洲語讀如“jokū”，意即「鍘刀」，卷八作「酌古」。噶勒畢，滿洲語讀如“galbi”，意即「耳聰」，卷八作「曷里必」。

雅爾丕勒，唐古特語讀如“yarpil”，意即「上昇」，

卷八作「燕頗」。安圖，滿洲語讀如“antu”，意即「山陽」，卷八作「安搏」。察喇，滿洲語讀如“cara”，意即「注酒器」，卷八作「察鄰」，卷十六作「查剌」，卷七十二作「茶剌」，並非一人。古，滿洲語讀如“gu”，意即「玉」，卷八作「涸」。旺祿，讀如“wanglu”，卷八作「王六」。訥默庫，蒙古語讀如“nemeku”，意即「添」，卷八作「涅木古」，卷六十一作「抑母古」，卷一作「粘睦姑」，女名。哲庫，滿洲語讀如“jeku”，意即「穀」，卷八作「只古」。克實克舒蘇，蒙古語「克實克」讀如“kesik”，意即「恩」，「舒蘇」讀如“šusu”，意即「廩給」，卷八作「克沙骨慎思」。克酬，蒙古語讀如“keceo”，意即「捷給人」，卷九作「可醜」，卷十一作「曷主」，並非一人。摩約，滿洲語讀如“moyo”，意即「鈍」，卷九作「買友」。穆濟，滿洲語讀如“muji”，意即「大麥」，卷九作「抹只」。薩哈勒，蒙古語讀如“sahal”，意即「鬚」，卷九作「撒合」，卷十二作「撒葛里」，並非一人。圖敏，滿洲語讀如“tumin”，意即「濃厚」，卷九作「都敏」。托果，蒙古語讀如“togo”，意即「鍋」，卷九作「討古」，卷二十九作「陀古」，並非一人。阿爾圖，蒙古語讀如“artu”，意即「有花紋」，卷九作「阿里覩」。沙穆濟，滿洲語「沙」讀如“ša”，意即「山後樹林」，「穆濟」讀如“muji”，意即「大麥」，卷九作「沙抹只」。赫德，滿洲語讀如“hede”，意即「渣滓」，卷九作「痕德」，卷六十七作「恒敵」，並非一人。

楚實勒，唐古特語讀如“cusil”，意即「水晶」，卷九作「除室」。巴古濟，蒙古語讀如“bagūji”，意即

「已下降」，卷十作「勃古哲」。和碩鼐，蒙古語讀如 "hošonai"，意即「旗分」，卷十作「和朔奴」。納旺舒克，唐古特語「納」讀如 "na"，意即「鼻」，「旺舒克」讀如 "wangšuk"，意即「勢力」，語解作「權」，異，卷十作「乃萬十」，卷六十一作「乃方十」，係一人。布琳，蒙古語讀如 "burin"，意即「全」，卷十作「普領」，又作「蒲領」、「蒲寧」、「普寧」，係一人，卷七十九作「蒲鄰」，並非一人。章烏克，蒙古語「章」讀如 "jang"，意即「性情」，「烏克」讀如 "uk"，意即「根本」，卷十作「章瓦」。根敦，唐古特語讀如 "gendun"，意即「僧」，卷十作「懇篤」。普努寧，讀如 "pununing"，卷十作「普奴寧」，又作「蒲奴寧」。達罕，滿洲語讀如 "dahan"，意即「馬駒」，卷十作「大漢」。布希，滿洲語讀如 "buhi"，意即「去毛鹿皮」，卷十作「婆項」。烏里，滿洲語讀如 "uli"，意即「弓弦」，卷十作「吳留」，卷七十五作「兀里」，並非一人。推勒，蒙古語讀如 "tuil"，意即「極」，卷十作「頹剌」。赫勒訥，滿洲語讀如 "helne"，意即「令其往請」，卷十作「曷魯寧」。哈雅，蒙古語讀如 "haya"，意即「帳房氈帷」，卷十作「河陽」。烏延，滿洲語讀如 "uyan"，意即「柔軟」，卷十作「隈引」，卷七十一作「隈因」，卷八十八作「沃衍」，並非一人。

　　哈爾瑪，蒙古語讀如 "harma"，意即「肉醬」，卷十作「轄馬」。托卜威，唐古特語讀如 "tob ui"，意即「得中」，卷十作「桃隈」，卷十二作「桃委」，係一人。巴延，滿洲語讀如 "bayan"，意即「富」，卷十作

「泮泱」。克特，蒙古語讀如“kete”，意即「火鐮」，卷十作「肯德」。德布，滿洲語讀如“debu”，意即「令其坐補」，卷十作「敵不」。威烏克，蒙古語「威」讀如“oi”，意即「樹林」，「烏克」讀如“uk”，意即「根本」，卷十作「隗洼」，卷十七作「委窊」，並非一人。巴寧，滿洲語讀如“banin”，意即「性」，卷十作「班裏」。錫喇伊囉斡，蒙古語「錫喇」讀如“sira”，意即「黃色」，「伊囉斡」讀如“irowa”，意即「吉兆」，卷十作「諧領己里婉」。哲伯埒，滿洲語讀如“jebele”，意即「撒袋」，卷十作「尤不里」，卷七十作「尤里補」，係一人，卷十八作「鉏不里」，並非一人。穆爾古，蒙古語讀如“murgu”，意即「令其叩頭」，卷十一作「謀魯姑」，卷十三作「磨魯姑」，卷四十七作「磨魯古」，係一人。碩羅，滿洲語讀如“šolo”，意即「閑暇」，卷十一作「室羅」。尼勒堅，滿洲語讀如“nilgiyan”，意即「光潤」，卷十一作「泥里吉」。斡尼奇伊，讀如“wanikii”，卷十一作「瓦泥乞移」。雅嚕，滿洲語讀如“yaru”，意即「鮻魚」，卷十一作「亞剌」，卷十八作「延留」，卷二十三作「燕六」，並非一人。

　　雅圖噶，蒙古語讀如“yatuga”，意即「箏」，卷十一作「亞達哥」。和勒敦，滿洲語讀如“holdon”，意即「烟墩」，卷十一作「和盧覩」。老君努，讀如“laogiyūnnu”，卷十一作「老君奴」，以佛號為名。努克，蒙古語讀如“nuke”，意即「孔」，卷十一作「奴哥」。伊里，滿洲語讀如“ili”，意即「令其立」，卷十一作「謁里」，卷三十作「夷烈」。托色，滿洲語讀如

"toose"，意即「權」，卷十一作「迪子」，卷八十三作「題子」，係一人。阿爾嘉，滿洲語讀如"argiya"，意即「令其芟削」，卷十一作「隘離轄」。果哈，蒙古語讀如"goha"，意即「鈎」，卷十一作「貫海」。納穆爾，蒙古語讀如"namur"，意即「秋」，卷十一作「粘米里」。博諾，滿洲語讀如"bono"，意即「雹」，卷十一作「蒲奴」，卷十四作「盆奴」，並非一人。都掄雅里，滿洲語「都掄」讀如"durun"，意即「規模」，「雅里」讀如"yali"，意即「肉」，卷十一作「度里亞里」。

　　布格，蒙古語讀如"būge"，意即「巫」，卷十一作「毗哥」，卷二十作「不葛一」，並非一人。旺布，唐古特語讀如"wangbu"，意即「權」，卷十一作「王八」，卷二十作「洼普」，並非一人。伊囉斡，蒙古語讀如"irowa"，意即「吉兆」，卷十一作「乙里婉」，卷一一二作「耶魯縮」，並非一人。訥呼台，蒙古語讀如"neretai"，意即「有名」，卷十一作「涅里底」。噶楚噶，蒙古語讀如"gacuga"，意即「週欄豎柱」，卷十一作「幹勤哥」。薩木實，滿洲語讀如"samsi"，意即「散」，卷十一作「轄麥室」。佛努，讀如"fonu"，卷十一作「佛奴」，以佛號為名。庫濟，蒙古語讀如"kuji"，意即「香」，卷十一作「骨只」。佛哩，滿洲語讀如"feri"，意即「淨面股子皮」，語解作「股子皮」，異，卷十一作「佛留」。伯埒，滿洲語讀如"bele"，意即「米」，卷十一作「配烈」，卷十七作「白縷」，並非一人。持特，唐古特語讀如"c'yt"，意即「前引人」，卷十一作「乞的」，卷十二作「乞得」，係一人。布克達哩，

滿洲語讀如“bukdari”，意即「摺子」，卷十一作「蒲打里」。哈喇噶扎爾，蒙古語「哈喇」讀如“hara”，意即「黑色」，「噶扎爾」讀如“gajar”，意即「地」，卷十一作「曷葛只里」。和克台，蒙古語讀如“hoktai”，意即「有產業」，卷十一作「覈國底」。

琳巴，唐古特語讀如“rinba”，意即「價格」，語解作「層次」，異，卷十一作「林八」。僧庫埒，滿洲語讀如“sengkule”，意即「韮菜」，卷十一作「雙骨里」。舍音，滿洲語讀如“šeyen”，意即「白色」，卷十一作「世音」。達哩，蒙古語讀如“dari”，意即「火藥」，卷十一作「打里」。呼勒希，滿洲語讀如“hūlhi”，意即「愚昧」，卷十二作「胡里室」，卷十五作「曷里喜」，並非一人。鄂勒歡，滿洲語讀如“olhon”，意即「乾」，卷十二作「阿剌恍」。鄂勒博，滿洲語讀如“olbo”，意即「馬褂」，卷十二作「阿魯勃」。紐勒琿，滿洲語讀如“niolhun”，意即「正月十六日」，卷十二作「裊里曷」。舒僧格，滿洲語讀如“šu sengge”，意即「文老人」，卷十二作「速撒哥」。實埒，滿洲語讀如“sile”，意即「湯」，卷十二作「石老」。崇烏嚕，滿洲語讀如“cungguru”，意即「臍」，卷十二作「春古里」，卷十六作「春骨里」，卷三十作「牀古兒」，並非一人，

音德爾，蒙古語讀如“yender”，意即「堦」，卷十二作「意德里」。圖古勒，蒙古語讀如“tugūl”，意即「牛犢」，卷十二作「禿骨里」，卷二十二作「圖骨」，並非一人。達達哩，滿洲語讀如“dadari”，意即「打騷鼠之器」，卷十二作「達打里」。葉嚕，滿洲語讀如“yeru”，

意即「獸穴」，卷十二作「耶魯」。和克岱，蒙古語讀如
"hokdai"，意即「有產業」，卷十二作「活古德」。固
寧，滿洲語讀如 "gūnin"，意即「意」，卷十二作「貫
寧」，卷九十六作「括寧」，並非一人。烏爾古，蒙古語
讀如 "urgū"，意即「孿生」，卷十二作「烏骨」。和珍，
滿洲語讀如 "huwejen"，意即「屏」、「牌插」，卷十二
作「還金」。都圖，滿洲語讀如 "dutu"，意即「耳聾」，
卷十二作「獨朵」。崆郭囉，滿洲語讀如 "konggoro"，
意即「黃馬」，卷十二作「控骨离」。扎穆，滿洲語讀如
"jamu"，意即「桃紅色」，卷十二作「柘母」，卷十九作
「遮母」，並非一人。哈密喀，滿洲語讀如 "hamika"，意
即「將近」，卷十二作「覿麥哥」。布爾德，滿洲語讀如
"burde"，意即「令其吹海螺」，卷十二作「婆里德」。
必舒，滿洲語讀如 "bišu"，意即「撫摩」，卷十三作「鼻
舍」。

　　表中所列人名，各卷多同音異譯，並非一人，其中
含有女名。尼嚕古（nirugū）、達魯（dalu）、烏庫哩
（ukuri）、錫庫（sikū）、訥默庫（nemeku）等俱係女
名。以佛號為名，可以反映當時的宗教信仰，羅漢努
（lohannu）、大悲努（dabeinu）、老君努（laogiyūnnu）、
佛努（fonu）等俱係以佛號為名。托音（toin），意即
「僧」，布格（būge），意即「巫」，博迪（bodi），
意即「菩提」，滿達（manda），意即「壇城」，根敦
（gendun），意即「僧」。

　　表中以自然現象為名的人名，亦可重視，錫袞
（sigun），意即「日」，薩蘭（saran），意即「月」，雅

爾噶（yarg'a），意即「夏令」，納穆爾（namur），意即「秋」，圖勒琿（tulhun），意即「陰晴之陰」，呼喇台（hūratai），意即「有雨」，博諾（bono），意即「雹」，塔勒滿（talman），意即「霧」。以山林草木為名，也是常見的現象，阿拉（ala），意即「平矮山」，安圖（antu），意即「山陽」，希斯（hisy），意即「山傍險峻處」，實納齊（sinaci），意即「走山崗人」。烏蘇（usu），意即「水」，羅索（loso），意即「極濕難耕地」。魯庫（luku），意即「草木厚密」，阿嚕（aru），意即「山陰」。摩多（modo），意即「樹木」，納喇蘇（narasu），意即「松樹」，呼哩（hūri），意即「松子」。烏勒呼（ulhū），呼魯蘇（hūlusu），意即「蘆葦」，烏納（una），意即「枸杞」，伊喇（ira），意即「糜黍」，錫沙哩（sišari），意即「苧麻」，穆濟（muji），意即「大麥」，罕都（handu），意即「稻」，哲庫（jeku），意即「穀」，伯埒（bele），意即「米」，僧庫埒（sengkule），意即「韭菜」。

表中所列人名，以飛禽走獸為名者，人數眾多。托津（tojin），意即「孔雀」，埒富（lefu），意即「熊」，特默（teme），意即「駱駝」，烏庫哩（ukuri），意即「牛」，布哈（buha），意即「牡牛」，圖古勒（tugūl），意即「牛犢」，摩哩（mori），意即「馬」，薩喇勒（saral），意即「貉皮馬」，達罕（dahan），意即「馬駒」，葉嚕（yeru），意即「獸穴」，巴爾（bar），意即「虎」，色克（seke），意即「貂鼠」，錫倫（silun），意即「猞猁猻」，扎幹（jagan），意即「象」，布呼

（buhū），意即「鹿」。

　　以自然色彩為名，亦有其意義，諾觀（nogon），意即「綠色」，紐歡（niohon），意即「淡綠色」，紐幹哩（niowari），亦係「綠色」，錫喇、實喇俱讀如"sira"，意即「黃色」，哈喇（hara）、薩哈廉（sahaliyan），意即「黑色」，舍音（šeyen），意即「白色」，扎穆（jamu），意即「桃紅色」。以數目為名，亦頗具特色。尼哩（niri），亦即「各二」，伊拉齊（ilaci），意即「第三」，農袞（nunggun），意即「六」，寧古齊（ningguci），意即「第六」，烏雲（uyun）、伊遜（isun），意即「九」，唐古（tanggū），意即「百」。

　　以日常生活器物為名，更是常見的現象，拜甡（baising），意即「土瓦房」，珠克（juk），意即「穹廬氊屋」，托諾（tono），意即「穹廬木圈頂」，哈雅（haya），意即「帳房毡帷」，薩布（sabu），意即「鞋」，和爾郭勒濟（horgolji），意即「鉛」，科科里（kokoli），意即「瞞頭套」，又作「幔頭套」。托果（togo），意即「鍋」，隆科（longko），意即「銅鍋」，完（wan），意即「梯」，蘇克（suke），意即「斧」，舒嚕（šuru），意即「珊瑚」，密遜（misun），意即「醬」，阿勒坦（altan），意即「金」，碩格（šoge），意即「銀錁」，錫濟爾（sijir），意即「精金」，色珍（sejen），意即「車」，布倫（bulun），意即「車頭」，薩爾珠（sarju），意即「新船」，烏里（uli），意即「弓弦」，和囉木薩噶（horom saga），意即「弓靫」，錫庫（sikū），意即「箭眼」，扎卜庫（jabkū），意即「小箭囊」，珠拉

（jula），意即「燈」，珠勒呼（julhū），意即「扯手」，哈斯（has），意即「玉」，托里（toli），意即「鏡」，哈達拉（hadala），意即「彎」，轄塔哩（hiyatari），意即「柵欄」，扎拉（jala），意即「帽纓」，德勒賓（delbin），意即「帽沿」，埒克（leke），意即「礪石」，達里庫（dalikū）、和珍（huwejen），意即「屏」，富勒呼（fulhū），意即「口袋」，哲伯埒（jebele），意即「撒袋」，通果（tonggo），意即「線」，鄂津（ojin），意即「捏摺女朝褂」，鄂勒博（olbo），意即「馬褂」，托紐（tonio），意即「圍棋」，金斗，又作「板斗」讀如 "sin"，漢字音譯作「新」，當達里（dangdali），意即「攔河網」，舒庫爾（šukur），意即「傘」，訥呼庫（nereku），意即「斗篷」，陶罕（toohan），意即「帶板」，多和（doho），意即「石灰」，卓庫（jokū），意即「鍘刀」，察喇（cara），意即「注酒器」，楚實勒（cusil），意即「水晶」，雅圖噶（yatuga），意即「箏」，噶楚噶（gacuga），意即「週欄豎柱」，庫濟（kuji），意即「香」，達哩（dari），意即「火藥」，實埒（sile），意即「湯」，達達哩（dadari），意即「打騷鼠器」，布爾德（burde），意即「令其吹海螺」，從器物名稱有助於瞭解遼代民族的生活情況。

　　遼朝民族亦以身體部位器官為名，唐古特語「古雲」，句中「古」（gu），意即身。尼嚕古（nirugū），意即「腰」，達魯（dalu），意即「琵琶骨」，托卜嘉（tobgiya），意即「膝蓋骨」，錫默（sime），意即「精液」，齊蘇（cisu），意即「血」，珊蘇庫，句中「珊」

（šan），意即「耳」，瑚嚕古（hūrugū），意即「手指」，
果濟（goji），意即「歪指」，努哷克特（nurekte），意即
「髮」，默赫特（mehete），意即「上唇短人」，伊楞古
（ilenggu），意即「舌」，薩哈勒（sahal），意即「鬚」，
納旺舒克，句中「納」（na），意即「鼻」，嵩烏嚕
（cungguru），意即「臍」。表中所列人名，對探討遼朝民
族命名問題，確實提供了許多珍貴的資料。

欽定遼史語解卷七

人名

　　按遼以索倫語為本語解內但釋
　　解義概不復注索倫語其中姓氏
之訂　　地名官名人名無解義者俱以今
　　地名八旗姓氏通譜官名改字面

錫爾格　滿洲語絲也卷
　　　　一作轄剌哥

伊哷額歌

　鄂伊
摩哩

摩哩　蒙古語馬也卷一作年里又卷
　　二十八作末里非一人併改

欽定四庫全書

欽定遼史語解
卷七

一

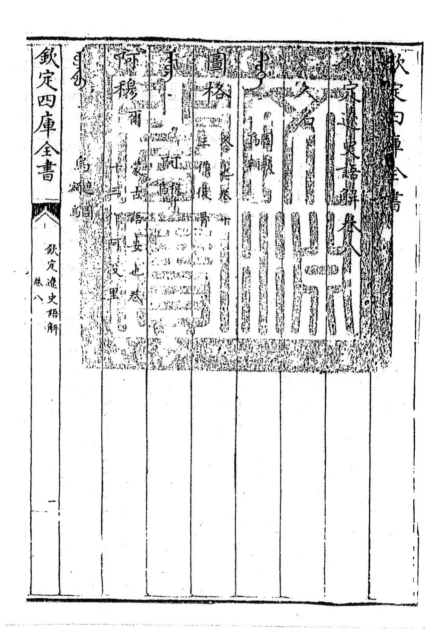

七、《欽定遼史語解》人名（二）

《欽定遼史語解・人名（二）》滿漢對照表

順次	滿洲語	漢　字	羅馬拼音	詞　義
1		圖　格	tuge	冬
2		阿穆爾	amur	安
3		烏哲圖	ujetu	蒙古語，看視
4		錫呼	sire	蒙古語，床
5		呼紐	hunio	水桶
6		特徹布	tecebu	令同坐
7		仁努	žinnu	
8		瑪	muwa	粗
9		伊爾岱	irdai	蒙古語，有鋒刃
10		德埒哩	deleri	浮上

順次	滿洲語	漢 字	羅馬拼音	詞 義
11		道士娝	doošinu	
12		楊 魯	yang lu	唐古特語，龍聲
13		伊 蘭	ilan	三
14		伊嚕勒	irul	蒙古語，福分
15		索諾木	sonom	唐古特語，福
16		伊 林	ilin	立
17		托 實	tosi	玉頂馬
18		佛 寧	feniyen	羣
19		釋紳娝	šišennu	
20		尼 古	nigū	蒙古語，隱藏
21		納 蘇	nasu	蒙古語，年歲
22		阿勒達	alda	蒙古語，庹

順次	滿洲語	漢　字	羅馬拼音	詞　義
23		巴罕	bahan	蒙古語， 些微
24		琨	kun	蒙古語， 人
25		烏格	uge	蒙古語， 言
26		烏巴	uba	此處
27		刷	šuwa	山後樹林
28		烏拉噶	ulaga	蒙古語， 驛站
29		巴古	bagū	蒙古語， 下降
30		蘇扎納	sujana	令其往 支持
31		繃果	bonggo	頭一個
32		揚格	yangge	
33		尼古爾	nigūr	蒙古語， 面

順次	滿洲語	漢　字	羅馬拼音	詞　義
34		滿　圖 古　爾	mantugūr	蒙古語， 頭大
35		薩　喇	sara	蒙古語， 月
36		蘇布特 薩　喇	subut sara	蒙古語， 珍珠月
37		聶　赫	niyehe	鴨
38		巴爾蘇	bar su	蒙古語， 虎乳
39		博羅哩	bolori	秋
40		噶　濟	gaji	令拿來
41		阿克達	akda	令信任
42		霍　實	huwesi	小刀
43		哈　納	hana	氈屋木牆

順次	滿洲語	漢　字	羅馬拼音	詞　義
44		阿巴該	abagai	蒙古語，兄長
45		哈噶	haga	魚刺
46		都木達	dumda	蒙古語，中
47		莽密	mang mi	唐古特語，眾人
48		赫伯舍	hebeše	令其商議
49		珠埒哩	juleri	前
50		托多羅	todolo	先兆
51		婁	luo	蒙古語，龍
52		和索哩	hosori	麩皮
53		古哩	guri	移徙
54		普爾布	purbu	唐古特語，杵

順次	滿洲語	漢　字	羅馬拼音	詞　義
55		薩　滿 嘉　哩 郭	saman giyari	巫令其巡察
56		郭　囉	goro	遠
57		桑　古	sang gu	唐古特語， 好身
58		拉　拉	lala	末尾
59		球　格	kioge	
60		課　努	k'onu	
61		必　塔	bita	河一邊深 一邊淺
62		羅　羅	lolo	背式骨
63		頁	ye	房檁
64		瑠　實	lioši	
65		圖嚕庫	turuku	蒙古語， 生
66		海古勒	haigūl	蒙古語， 後護

順次	滿洲語	漢　字	羅馬拼音	詞　義
67		頴布勒	ebul	蒙古語，冬
68		濟魯古	jilugū	蒙古語，扯手
69		安格	ange	
70		鄂克沁	okcin	蓋
71		佛門	femen	唇
72		楚布	cubu	蒙古語，接連
73		蘇葉	suye	蒙古語，根芽
74		噶嚕	garu	天鵝
75		哲魯	jelu	鱒魚
76		呼蘭	hūlan	蒙古語，野騾
77		吹古	cui gu	唐古特語，法身
78		色佛哷	sefere	把束

順次	滿洲語	漢　字	羅馬拼音	詞　義
79		色　　實	sesi	豆麵剪子股
80		哈　喇 托　輝	hara tohoi	蒙古語， 黑色河灣
81		果　巴	g'oba	唐古特語， 頭人
82		阿克展	akjan	雷
83		珠格爾	juger	蒙古語， 閒
84		特穆爾	temur	蒙古語， 鐵
85		彌勒努	milenu	
86		觀音努	guwainnu	
87		塔雅克	tayak	蒙古語， 杖
88		大師努	dašinu	

順次	滿洲語	漢　字	羅馬拼音	詞　義
89		巴　拜	babai	蒙古語，寶
90		韓　格	hange	
91		巴　噶	baga	蒙古語，小
92		尼　格	nige	蒙古語，一
93		呼　圖　克　琨	hūtuk kun	蒙古語，福人
94		扎　拉　納	jalana	蒙古語，請
95		額　魯　哩	eluri	小兒聰慧
96		罕　嘉　努	hangiyanu	
97		巴　薩	basa	工錢
98		浩　善	hoošan	紙
99		庫　春	kucun	蒙古語，力

順次	滿洲語	漢　字	羅馬拼音	詞　義
100		通　特 古　斯	tong tegus	蒙古語， 執定全足
101		賽　音 巴　寧	sain banin	好性
102		察噶扎	cagaja	蒙古語， 法
103		冠　格	guwange	
104		吹　絅	cuigiong	唐古特語， 護法
105		準格爾	jun ger	蒙古語， 東房屋
106		呼都克	hūduk	蒙古語， 井
107		薩　巴	saba	蒙古語， 器皿
108		德　古	de gu	唐古特語， 安身

順次	滿洲語	漢 字	羅馬拼音	詞 義
109		和塔拉	hotala	蒙古語，普遍
110		喇實	rasi	唐古特語，吉祥
111		格	ge	唐古特語，福
112		髙嘉娕	g'aogiyanu	
113		鄂羅木	olom	蒙古語，津
114		阿雅噶	ayaga	蒙古語，碗
115		額古德	egude	蒙古語，門戶
116		吉遜	gisun	椑
117		薩喇圖	saratu	蒙古語，有月
118		瑪摩約	muwa moyo	粗鈍
119		和費延	hofiyan	人能幹

順次	滿洲語	漢　字	羅馬拼音	詞　義
120		珠　展	jujan	蒙古語， 厚
121		烏　達 台　吉	uda taiji	蒙古語， 柳樹 管理眾人
122		慈　實　努	ts'syšinu	
123		威　赫	weihe	牙
124		伊　特 凌　結	it ring giye	唐古特語， 心長開廣
125		伊　遜	isun	蒙古語， 九
126		錫　都	sidu	蒙古語， 牙
127		諤　德	ūde	蒙古語， 門戶
128		楚　齊　格 爾巴爾斯	cuciger bars	蒙古語， 直立虎

順次	滿洲語	漢　字	羅馬拼音	詞　義
129		穆　嚕	muru	形像
130		葉　穆	yemu	
131		鄂　博	obo	蒙古語，堆石祭處
132		薩　滿	saman	巫
133		辰　賚	cenlai	唐古特語，事
134		圖伯特	tubet	唐古特
135		實紳努	šišennu	
136		實　公	šigung	
137		伯	be	車輇
138		阿勒扎	alja	令離
139		圖圖 爾噶	tuturga	蒙古語，稻
140		特古斯	tegus	蒙古語，全足

順次	滿洲語	漢　字	羅馬拼音	詞　義
141		辰　禄	cenlu	
142		聶羅布 爾　古	niyelo burgu	唐古特語， 近年轉身
143		果　玖	g'ogio	
144		希卜蘇	hibsu	蜂蜜
145		特卜庫	tebku	胎胞
146		寶神努	boošennu	
147		馮嘉努	fenggiyanu	
148		阿　蘇	asu	網
149		濟嚕克	jiruk	蒙古語， 畫
150		珠　嚕	juru	雙
151		烏　爾 古　納	urgūna	蒙古語， 孳息

順次	滿洲語	漢 字	羅馬拼音	詞 義
152		韓福努	hanfunu	
153		瑞 努	šuinu	
154		卓克算	jokson	當初
155		托斯和	tosho	蒙古語，屯庄
156		哈爾吉	hargi	湍水
157		實德努	šidenu	
158		趙	coo	蒙古語，地未化透
159		阿嚕岱	arudai	蒙古語，有山陰
160		吹 丹	cui dan	唐古特語，法全
161		雙 寬	šongkon	海青
162		道 拉	doola	蒙古語，歌唱

順次	滿洲語	漢　字	羅馬拼音	詞　義
163		轄　呼	hiyahū	吼喘
164		必　埒　哩	bileri	瑣吶
165		額　哩　頁	eriye	蒙古語，花斑
166		布　當	budang	蒙古語，霧
167		和爾沁	hor cin	唐古特語，蒙古人大
168		達　納	dana	去管
169		綽　奇	coki	突額
170		錫　沙	siša	腰鈴
171		和　勒　博	holbo	聯絡
172		額　圖　琿	etuhun	強壯
173		旺　玖	wanggio	
174		古　納	gūna	三歲牛

順次	滿洲語	漢　字	羅馬拼音	詞　義
175		鐘　鼐	jungnai	唐古特語，現處
176		超　格	cooge	
177		圖　罕	tuhan	獨木橋
178		瑪　古	magū	蒙古語，不善
179		汗　努	han nu	君長
180		伯　哩	beri	弓
181		約　尼	yooni	全
182		納　延	nayan	蒙古語，八十
183		阿　達	ada	筏
184		磨古斯	megus	蒙古語，寡少之寡
185		托　多	todo	蒙古語，明白
186		托　輝	tohoi	蒙古語，河灣

順次	滿洲語	漢　字	羅馬拼音	詞　義
187		呼喇濟	hūraji	蒙古語，已集聚
188		果　桑	g'o sang	唐古特語，頭好
189		章吉特	janggit	
190		特們	temen	駝
191		榮　格	žungge	
192		烏古察	ugūca	蒙古語，尾骨
193		實　嚕	širu	蒙古語，珊瑚
194		博碩和	bošoho	已催
195		富　魯	fulu	優
196		約羅岱	yolodai	蒙古語，有狗頭鵰
197		塔瑪噶	tamaga	蒙古語，印

順次	滿洲語	漢　字	羅馬拼音	詞　義
198		敏達蘇	mindasu	蒙古語，絲綿
199		都勒斡	dulwa	唐古特語，戒律
200		穆色克	museke	已折灣
201		托果斯	togos	蒙古語，孔雀
202		呼喇巴	hūraba	蒙古語，已集聚
203		長　格	cangge	
204		赫嘉努	hegiyanu	
205		托　迪	todi	蒙古語，鸚鵡
206		托　海	tohai	蒙古語，帶板
207		常　格	cangge	
208		英　格	ingge	蒙古語，母駝

順次	滿洲語	漢　字	羅馬拼音	詞　義
209		武雅淑	uyašu	
210		阿固達	agūda	蒙古語，寬厰
211		謝嘉努	siyegiyanu	
212		瑪諾勒	manool	蒙古語，田中草人
213		武奇邁	ukimai	
214		尼雅滿	niyaman	親
215		瑚實	hūsi	裏
216		薩該	sagai	
217		達呼布	dahūbu	令復
218		尼楚赫	nicuhe	珍珠
219		伊埒	ile	蒙古語，明顯

順次	滿洲語	漢　字	羅馬拼音	詞　義
220		棟摩	dongmo	茶桶
221		噶克實	gaksi	夥伴
222		僧嘉努	senggiyanu	
223		章嘉努	janggiyanu	
224		色埒	sele	鐵
225		呼塔噶	hūtaga	蒙古語，小刀
226		烏珠	uju	頭
227		伊都	idu	班次
228		赫伯	hebe	商議
229		烏舍	uše	小皮條
230		霍六格	huwelioge	
231		博和哩	bohori	豌豆

順次	滿洲語	漢 字	羅馬拼音	詞 義
232		博斯齊	bosci	蒙古語，立
233		錫里岱	silidai	蒙古語，有選拔
234		辰圖努	centunu	
235		拜薩巴	bai saba	蒙古語，箭把器皿
236		達哈拉	dahala	令隨從
237		和尚努	hošangnu	
238		布達	buda	梵語，佛
239		穆喇斡	murawa	唐古特語，言之
240		僧孝努	senghiyoonu	
241		達實	dasi	唐古特語，吉祥
242		佛騰	feten	行

順次	滿洲語	漢　字	羅馬拼音	詞　義
243		瑪克實	maksi	令舞列
244		阿敦	adun	牧群
245		茂巴克實	moo baksi	蒙古語，不善師
246		薩古	sagū	蒙古語，坐
247		錫凌阿	silingga	精銳人
248		特默格	temege	蒙古語，駱駝
249		潤諾	žun no	唐古特語，少年
250		圖烈	tuliye	蒙古語，燒柴
251		約蘇	yosu	蒙古語，理
252		博勒和	bolgo	潔淨
253		額爾克	erke	雄壯

順次	滿洲語	漢　字	羅馬拼音	詞　義
254		扎古雅	jagūya	蒙古語，欲咬
255		呼　嚕	hūru	口琴
256		扎　扎	jaja	背負
257		瑪　尼	mani	梵語，寶
258		額哩埒	erile	以時
259		扎倫布	jalumbu	令盈滿
260		穆　蘇	musu	蒙古語，冰
261		格爾干	gerg'an	唐古特語，老僧
262		庫楚埒	kucule	蒙古語，用力
263		特爾格	terge	蒙古語，車
264		巴噶濟蘇爾	baga jisur	蒙古語，小狡詐

資料來源：《欽定四庫全書》，「史部」，《欽定遼史語解》，
　　　　　卷八。

　　表中人名圖格，索倫語讀如"tuge"，意即「冬」，卷十三作「徒骨」。阿穆爾，蒙古語讀如"amur"，意即「安」，卷十三作「阿沒里」。烏哲圖，蒙古語讀如"ujetu"，意即「看視」，卷十三作「烏昭度」。錫呀，蒙古語讀如"sire"，意即「床」，卷十四作「喜羅」，卷十九作「習羅」，並非一人。呼紐，滿洲語讀如"hunio"，意即「水桶」，卷十四作「鶻碾」，卷九十七作「胡輦」，並非一人。特徹布，滿洲語讀如"tecebu"，意即「令其同坐」，卷十四作「鐵勒不」，卷七十作「鐵剌不」，係一人。仁努，讀如"žinnu"，卷十四作「壬奴」。瑪，滿洲語讀如"muwa"，意即「粗」，卷十四作「謀洼」。伊爾岱，蒙古語讀如"irdai"，意即「有鋒刃」，卷十四作「夷离底」。德埒哩，滿洲語讀如"deleri"，意即「浮上」，卷十四作「鐵剌里」，卷二十三作「敵里剌」，並非一人。道士努，讀如"doošinu"，卷十四作「道士奴」，係以僧道為名。楊魯，唐古特語讀如"yang lu"，句中「楊」（yang），意即「聲音」，「魯」（lu），意即「龍」，卷十四作「楊六」。伊蘭，滿洲語讀如"ilan"，意即「三」，卷十四作「夷懶」，卷九十三作「牙懶」，係女名。

　　伊嚕勒，蒙古語讀如"irul"，意即「福分」，卷十四作「耶剌里」。索諾木，唐古特語讀如"sonom"，意即「福」，卷十五作「僧奴」。伊林，滿洲語讀如"ilin"，意即「立」，卷十五作「乙凜」。托實，滿洲語讀如"tosi"，意即「玉頂馬」，卷十五作「陀失」，又作「團石」，並非一人。佛寧，滿洲語讀如"feniyen"，意即

「軰」，卷十五作「蒲撚」，卷二十作「蒲輦」，並非一人。釋紳努，讀如"šišennu"，卷十五作「釋身奴」。尼古，蒙古語讀如"nigū"，意即「隱藏」，卷十五作「涅袞」。納蘇，蒙古語讀如"nasu"，意即「年歲」，卷十五作「那沙」。阿勒達，蒙古語讀如"alda"，意即「庹」，卷十五作「阿里底」。巴罕，蒙古語讀如"bahan"，意即「些微」，卷十五作「霸暗」。

琨，蒙古語讀如"kun"，意即「人」，卷十五作「控溫」。烏格，蒙古語讀如"uge"，意即「言」，卷十五作「五哥」。烏巴，滿洲語讀如"uba"，意即「此處」，卷十五作「烏八」。刷，滿洲語讀如"šuwa"，意即「山後樹林」，卷十五作「稍瓦」。烏拉噶，蒙古語讀如"ulaga"，意即「驛站」，卷十五作「吾剌葛」，卷十八作「烏魯斡」。巴古，蒙古語讀如"bagū"，意即「下降」，卷十五作「拔姑」。蘇扎納，滿洲語讀如"sujana"，意即「令其往支持」，卷十五作「殊只你」。綳果，滿洲語讀如"bonggo"，意即「頭一個」，卷十五作「勃括」。揚格，讀如"yangge"，卷十五作「揚哥」。尼古爾，蒙古語讀如"nigūr"，意即「面」，卷十五作「年骨烈」。滿圖古爾，蒙古語讀如"mantugūr"，意即「頭大」、「肥頭胖臉的」，卷十五作「麻都骨」。薩喇，蒙古語讀如"sara"，意即「月」，卷十五作「撒剌」。蘇布特薩喇，蒙古語「蘇布特」讀如"subut"，意即「珍珠」，「薩喇」讀如"sara"，意即「月」，卷十五作「撒保特賽剌」。聶赫，滿洲語讀如"niyehe"，意即「鴨」，卷十五作「涅合」。

巴爾蘇，蒙古語「巴爾」讀如"bar"，意即「虎」，

「蘇」讀如"su"，意即「乳」，卷十六作「併里尊」。博羅哩，滿洲語讀如"bolori"，意即「秋」，卷十六作「勃魯里」。噶濟，滿洲語讀如"gaji"，意即「令其拿來」，卷十六作「高九」。阿克達，滿洲語讀如"akda"，意即「令其信任」，卷十六作「阿果達」。霍實，滿洲語讀如"huwesi"，意即「小刀」，卷十六作「赫石」，卷七十作「霍石」，並非一人，卷八作「回室」，係女名。哈納，滿洲語讀如"hana"，意即「氈屋木牆」，卷十六作「韓寧」。阿巴該，蒙古語讀如"abagai"，意即「兄長」，卷十六作「阿不葛」，又作「阿不割」，係一人。哈噶，滿洲語讀如"haga"，意即「魚刺」，卷十六作「合葛」，卷二十四作「何葛」，並非一人。都木達，蒙古語讀如"dumda"，意即「中」，卷十六作「獨迭」。莽密，唐古特語讀如"mang mi"，意即「眾人」，卷十六作「麻門」。赫伯舍，滿洲語讀如"hebeše"，意即「令其商議」，卷十六作「曷不式」，卷一一五作「曷不呂」，係一人。珠埒哩，滿洲語讀如"juleri"，意即「前」，卷十六作「只剌里」，卷六十七作「尤魯烈」，並非一人。托多羅，滿洲語讀如"todolo"，意即「先兆」，卷十六作「突迭里」，卷二十作「陶德里」，並非一人。

　　婁，蒙古語讀如"luo"，意即「龍」，卷十六作「老」。和索哩，滿洲語讀如"hosori"，意即「麩皮」，卷十六作「胡思里」。古哩，滿洲語讀如"guri"，意即「移徙」，卷十六作「骨里」。普爾布，唐古特語讀如"purbu"，意即「橛子」，語解作「杵」，異，卷十六作「頗白」，卷一〇六作「蒲離不」，並非一人。薩滿嘉

哩，滿洲語「薩滿」讀如"saman"，意即「巫」，「嘉哩」讀如"giyari"，意即「令其巡察」，卷十六作「薩敏解里」。郭囉，滿洲語讀如"goro"，意即「遠」，卷十六作「高六」。桑古，唐古特語「桑」讀如"sang"，意即「好」，「古」讀如"gu"，意即「身」，卷十六作「嗓姑」。拉拉，滿洲語讀如"lala"，意即「末尾」，卷十六作「聊了」。球格，讀如"kioge"，卷十六作「求哥」。課努，讀如"k'onu"，卷十六作「課奴」。必塔，滿洲語讀如"bita"，意即「河一邊深一邊淺」，卷十六作「匹敵」。羅羅，滿洲語讀如"lolo"，意即「背式骨」，卷十七作「羅羅」。頁，滿洲語讀如"ye"，意即「房檁」，卷十七作「野」。瑠實，讀如"lioši"，卷十七作「柳氏」。

圖嚕庫，蒙古語讀如"turuku"，意即「生」，卷十七作「徒魯骨」。海古勒，蒙古語讀如"haigūl"，意即「後護」，卷十七作「漢古」，卷五十八作「曷古魯」，並非一人。額布勒，蒙古語讀如"ebul"，意即「冬」，卷十七作「曷不呂」，卷九十三作「阿不呂」，係一人，卷二十九作「牙不里」，卷八十三作「烏不呂」，並非一人。濟魯古，蒙古語讀如"jilugū"，意即「扯手」，卷十七作「直魯袞」。安格，讀如"ange"，卷十七作「安哥」。鄂克沁，滿洲語讀如"okcin"，意即「凡物之蓋」，卷十七作「奧骨槙」。佛門，滿洲語讀如"femen"，意即「唇」，卷十七作「蒲馬」。楚布，蒙古語讀如"cubu"，意即「接連」，卷十七作「鉏不」，卷六十二作「涅卜」，係一人。蘇葉，蒙古語讀如"suye"，意即「根芽」，卷十七作「遂

英」，卷一一一作「綏也」，並非一人。噶嚕，滿洲語讀如 "garu"，意即「天鵝」，卷十七作「高六」。哲魯，滿洲語讀如 "jelu"，意即「鱒魚」，卷十七作「鄭留」。呼蘭，蒙古語讀如 "hūlan"，意即「野騾」，卷十七作「胡懶」。

　　吹古，唐古特語讀如 "cui gu"，意即「法身」，卷十七作「春古」。色佛呀，滿洲語讀如 "sefere"，意即「把束」，卷十七作「謝佛留」。色實，滿洲語讀如 "sesi"，意即「豆麵剪子股」，卷十七作「謝十」。哈喇托輝，蒙古語讀如 "hara tohoi"，意即「黑色河灣」，卷十七作「曷魯突媿」。果巴，唐古特語讀如 "g'oba"，意即「頭人」，卷十八作「高八」。阿克展，滿洲語讀如 "akjan"，意即「雷」，卷十八作「阿古軫」，卷七十九作「阿古真」，並非一人。珠格爾，蒙古語讀如 "juger"，意即「閒」，卷十八作「著骨里」。特穆爾，蒙古語讀如 "temur"，意即「鐵」，卷十八作「特末里」。彌勒努，讀如 "milenu"，卷十八作「彌勒奴」，係以佛號為名。觀音努，讀如 "guwainnu"，卷十八作「觀音奴」，係以佛號為名。塔雅克，蒙古語讀如 "tayak"，意即「杖」，卷十八作「臺押」。大師努，讀如 "dašinu"，卷十八作「大師奴」。巴拜，蒙古語讀如 "babai"，意即「寶」，卷十八作「把八」。韓格，讀如 "hange"，卷十八作「韓哥」。

　　巴噶，蒙古語讀如 "baga"，意即「小」，卷十八作「把哥」。尼格，蒙古語讀如 "nige"，意即「一」，卷十八作「涅哥」。呼圖克琨，蒙古語讀如 "hūtuk kun"，意即「福人」，卷十八作「胡覩袞」，卷七十作「胡突袞」，

並非一人。扎拉納，蒙古語讀如 "jalana" ，意即「請」，卷十八作「查剌寧」。額魯哩，滿洲語讀如 "eluri" ，意即「小兒聰慧」，卷十八作「阿剌里」。罕嘉努，讀如 "hangiyanu" ，卷十八作「韓家奴」。巴薩，滿洲語讀如 "basa" ，意即「工錢」，卷十八作「八撒」。浩善，滿洲語讀如 "hoošan" ，意即「紙」，卷十八作「侯哂」。庫春，蒙古語讀如 "kucun" ，意即「力」，卷十八作「坤長」。通特古斯，蒙古語「通」讀如 "tong" ，意即「執定」，「特古斯」讀如 "tegus" ，意即「全足」，卷十八作「屯禿古斯」。賽音巴寧，滿洲語讀如 "sain banin" ，意即「好性」，卷十八作「撒八寧」。察噶扎，蒙古語讀如 "cagaja" ，意即「法」，卷十八作「查割折」。冠格，讀如 "guwange" ，卷十八作「冠哥」。

吹絅，唐古特語讀如 "cuigiong" ，意即「護法」，卷十八作「鉏窘」。準格爾，蒙古語「準」讀如 "jun" ，意即「東」，「格爾」讀如 "ger" ，意即「房屋」，卷十八作「壯骨里」。呼都克，蒙古語讀如 "hūduk" ，意即「井」，卷十八作「胡覩」。薩巴，蒙古語讀如 "saba" ，意即「器皿」，卷十九作「撒八」，卷二十三作「撒撥」，卷七十三作「撒本」，卷八十一作「撒板」，卷一百作「撒鉢」，又作「撒跋」，卷一一〇作「撒把」，俱非一人。德古，唐古特語讀如 "de gu" ，意即「安身」，卷十九作「迪古」。和塔拉，蒙古語讀如 "hotala" ，意即「普遍」，卷十九作「胡撻剌」，卷二十作「豁得剌」，並非一人。

喇實，唐古特語「扎實」 "jasi" ，蒙古語又讀如 "rasi" ，意即「吉祥」，卷十九作「遼哂」。格，唐古特

語讀如"ge"，意即「福」，卷十九作「革」。高嘉努，讀如"g'aogiyanu"，卷十九作「高家奴」。鄂羅木，蒙古語讀如"olom"，意即「津」、「渡口」，卷十九作「斡魯母」。阿雅噶，蒙古語讀如"ayaga"，意即「碗」，卷十九作「窊邑改」。額古德，蒙古語讀如"egude"意即「門戶」，卷十九作「斡古德」。吉遜，滿洲語讀如"gisun"，意即「桴」、「鼓椎」，卷十九作「喜孫」。薩喇圖，蒙古語讀如"saratu"，意即「有月」，卷二十作「撒剌都」。瑪摩約，滿洲語讀如"muwa moyo"，意即「粗鈍」，卷二十作「摩梅欲」。和費延，滿洲語讀如"hofiyan"，意即「人能幹」、「快當」、「麻利」，卷二十作「虎戲」。珠展，蒙古語讀如"jujan"，意即「厚」，卷二十作「尤者」。烏達台吉，蒙古語讀如"uda taiji"，意即「柳樹管理眾人之稱」，卷二十作「兀迭臺扎」。慈實努，讀如"ts'yšinu"，卷二十作「慈氏奴」。威赫，滿洲語讀如"weihe"，意即「牙」，卷二十作「猥貨」。伊特凌結，唐古特語「伊特」讀如"it"，意即「心」，「凌」讀如"ring"，意即「長」，「結」讀如"giye"意即「開廣」，卷二十作「乙靈紀」。伊遜，蒙古語讀如"isun"，意即「九」，卷二十作「宜新」，卷二十七作「乙辛」，卷二十八作「乙信」，並非一人。錫都，蒙古語讀如"sidu"，意即「牙」，卷二十作「信篤」。諤德，蒙古語讀如"ūde"，意即「門戶」，卷二十作「斡德」。

楚齊格爾巴爾斯，蒙古語「楚齊格爾」讀如"cuciger"，意即「佝僂乾癟」，語解作「直立」，異，

「巴爾斯」讀如“bars”，即「巴爾」，意即「虎」，卷二十作「喘只葛把里斯」。穆嚕，滿洲語讀如“muru”，意即「形像」，卷二十作「謨魯」。葉穆，讀如“yemu”，卷二十作「巖木」。鄂博，蒙古語讀如“obo”，意即「堆石以為祭處」，卷二十作「盧寶」，卷二十八作「阿不」，並非一人。薩滿，滿洲語讀如“saman”，意即「巫」，卷二十作「撒抹」。辰賚，唐古特語讀如“cenlai”，意即「事業」，語解作「事」，訛誤，卷二十一作「陳留」。圖伯特，蒙古語讀如“tubet”，意即「唐古特」，卷二十一作「塗孛特」。實紳努，讀如“šišennu”，卷二十一作「十神奴」。實公，讀如“šigung”，卷二十一作「十公」。伯，滿洲語讀如“be”，意即「車輗」，卷二十一作「白」。阿勒扎，滿洲語讀如“alja”，意即「令其離」，卷二十一作「阿里只」，卷二作「女名」。圖圖爾噶，蒙古語讀如“tu turga”，意即「稻」，卷二十二作「屯禿葛」。特古斯，蒙古語讀如“tegus”，意即「全足」，卷二十二作「圖古辭」，卷二十五作「吐古斯」，卷七十作「禿古斯」，卷八十一作「圖古斯」，並非一人。辰祿，讀如“cenlu”，卷二十二作「陳六」。

聶羅布爾古，唐古特語「聶羅」讀如“niyelo”，意即「近年」，「布爾古」讀如“burgu”，意即「轉身」，卷二十二作「涅剌溥古」。果玖，讀如“g'ogio”，卷二十二作「郭九」。希卜蘇，滿洲語讀如“hibsu”，意即「蜂蜜」，卷二十二作「奚叔」。特卜庫，滿洲語讀如“tebku”，意即「胎胞」，卷二十二作「敵不古」。寶神努，讀如“boošen nu”，卷二十二作「寶神奴」。馮

嘉努，讀如 "fenggiyanu"，卷二十二作「馮家奴」。阿蘇，滿洲語讀如 "asu"，意即「網」，卷二十二作「阿廝」，卷二十三作「阿思」，卷二十七作「阿疎」，並非一人。濟嚕克，蒙古語讀如 "jiruk"，意即「畫」，卷二十二作「急里哥」。珠嚕，滿洲語讀如 "juru"，意即「雙」，卷二十二作「只魯」。烏爾古納，蒙古語讀如 "urgūna"，意即「孳息」，卷二十二作「兀古匿」。韓福努，讀如 "hanfunu"，卷二十二作「韓福奴」。瑞努，讀如 "šuinu"，卷二十二作「藥奴」。卓克算，滿洲語讀如 "jokson"，意即「當初」，卷二十二作「趙三」。托斯和，蒙古語讀如 "tosho"，意即「屯庄」，卷二十二作「陶蘇斡」。哈爾吉，滿洲語讀如 "hargi"，意即「湍水」，卷二十二作「合里只」。實德努，讀如 "šidenu"，卷二十二作「拾得奴」。超，蒙古語讀如 "coo"，意即「地未化透」，卷二十三作「巢」。阿嚕岱，蒙古語讀如 "arudai"，意即「有山陰」，卷二十三作「阿魯帶」。吹丹，唐古特語讀如 "cui dan"，意即「法全」、「有佛法」，卷二十三作「雛塔」。雙寬，滿洲語讀如 "šongkon"，意即「海青」，卷二十三作「雙古」。道拉，蒙古語讀如 "doola"，意即「歌唱」，卷二十三作「鐸剌」，卷九十二作「奪剌」，並非一人。轄呼，滿洲語讀如 "hiyahū"，意即「吼喘」，卷二十三作「轄古」。必埒哩，滿洲語讀如 "bileri"，意即「瑣吶」，卷二十三作「鱉里剌」，卷六十七作「別里剌」，卷七十作「闥离剌」，並非一人。

　　額哩頁，蒙古語讀如 "eriye"，意即「花斑」，卷

二十三作「余里也」，卷七十作「訛里野」，並非一人。布當，蒙古語讀如"budang"，意即「霧」，卷二十三作「不擱」，卷七十六作「潑單」，卷九十六作「婆丹」，並非一人。和爾沁，唐古特語「和爾」讀如"hor"，意即「蒙古人」，「沁」讀如"cin"，意即「大」，卷二十三作「忽突董」，卷八十二作「胡獨董」，卷九十三作「胡突董」，卷九十五作「胡篤董」，並非一人。達納，滿洲語讀如"dana"，意即「令其去管」，卷二十三作「大奴」。綽奇，滿洲語讀如"coki"，意即「突額」，卷二十三作「抄只」。錫沙，滿洲語讀如"siša"，意即「腰鈴」，卷二十三作「十三」。和勒博，滿洲語讀如"holbo"，意即「聯絡」，卷二十三作「回里不」，卷二十五作「回离保」，卷四十八作「曷魯泊」，卷七十七作「何魯不」，並非一人。額圖琿，滿洲語讀如"etuhun"，意即「強壯」，卷二十三作「訛都幹」。旺玖，讀如"wanggio"，卷二十三作「王九」。古納，滿洲語讀如"gūna"，意即「三歲牛」，卷二十四作「古赧」。

　　鐘鼐，唐古特語讀如"jungnai"，意即「現處」，卷二十四作「尤乃」。超格，讀如"cooge"，卷二十四作「巢哥」。圖罕，滿洲語讀如"tuhan"，意即「獨木橋」，卷二十四作「圖趕」。瑪古，蒙古語讀如"magū"，意即「不善」，卷二十四作「馬五」。汗努，蒙古語「汗」讀如"han"，意即「君長」，卷二十四作「可汗奴」。伯哩，滿洲語讀如"beri"，意即「弓」，卷二十四作「袍里」。約尼，滿洲語讀如"yooni"，意即「全」，卷二十四作「燕奴」。納延，蒙古語讀如

"nayan"，意即「八十」，卷二十四作「那也」。阿達，
滿洲語讀如"ada"，意即「筏」，卷二十四作「愛的」。
磨古斯，蒙古語讀如"megus"，意即「寡少之寡」，卷
二十五作「磨古斯」。托多，蒙古語讀如"todo"，意即
「明白」，卷二十五作「吐朵」，又作「禿朵」，係一
人，卷九十八作「圖獨」，並非一人。托輝，蒙古語讀如
"tohoi"，意即「河灣」，卷二十五作「陶隗」。呼喇
濟，蒙古語讀如"hūraji"，意即「已集聚」，卷二十五
作「胡里只」。果桑，唐古特語讀如"g'o sang"，意即
「頭好」，卷二十五作「郭三」。章吉特，蒙古語讀如
"janggit"，意即「繩結」，卷二十五作「張九」。特
們，滿洲語讀如"temen"，意即「駝」，卷二十五作「特
滿」，卷九十六作「特末隱」，並非一人。榮格，讀如
"žungge"，卷二十五作「榮哥」。烏古察，蒙古語讀如
"ugūca"，意即「尾骨」、「荐骨部」，卷二十五作「烏
古扎」，又作「烏古禮」，係一人。

　　實嚕，蒙古語讀如"širu"，意即「珊瑚」，卷二十五
作「石柳」。博碩和，滿洲語讀如"bošoho"，意即
「已催」，卷二十五作「拍撒格」。富魯，滿洲語讀如
"fulu"，意即「優」，卷二十五作「蒲魯」。約羅岱，蒙
古語讀如"yolodai"，意即「有狗頭鵰」，卷二十六作「杳
里底」，卷七十作「禿里底」，係一人。塔瑪噶，蒙古語
讀如"tamaga"，意即「印」，卷二十六作「圖木葛」。敏
達蘇，蒙古語讀如"mindasu"，意即「絲綿」，卷二十六
作「猛達斯」。都勒斡，唐古特語讀如"dulwa"，意即
「戒律」，卷二十六作「鐸魯斡」。穆色克，滿洲語讀如

"museke"，意即「已折灣」，卷二十六作「猛撒葛」。托
果斯，蒙古語讀如"togos"，意即「孔雀」，卷二十六作
「禿骨撒」，卷九十三作「脫古思」，並非一人。呼喇巴，
蒙古語讀如"hūraba"，意即「已集聚」，卷二十六作「忽
魯八」。長格，讀如"cangge"，卷二十六作「長哥」。
赫嘉努，讀如"hegiyanu"，卷二十六作「郝家奴」。托
迪，蒙古語讀如"todi"，意即「鸚鵡」，卷二十六作「禿
的」，卷二十八作「突迭」，並非一人。托海，蒙古語讀如
"tohai"，意即「帶板」，卷二十六作「禿開」。常格，讀
如"cangge"卷二十六作「常哥」，卷一〇七作「女名」。
英格，蒙古語讀如"ingge"，意即「母駝」，卷二十七作
「揚割」。武雅淑，讀如"uyašu"，卷二十七作「烏雅
束」。阿固達，蒙古語讀如"agūda"，意即「寬廠」，
卷二十七作「阿骨打」。謝嘉努，讀如"siyegiyanu"，卷
二十七作「謝家奴」。

　瑪諾勒，蒙古語讀如"manool"，意即「田中嚇禽鳥
之草人」、「稻草人」，卷二十七作「馬奴」。武奇邁，
讀如"ukimai"，卷二十七作「吳乞買」。尼雅滿，滿洲
語讀如"niyaman"，意即「親」，卷二十七作「粘罕」。
瑚實，滿洲語讀如"hūsi"，意即「裏」，卷二十七作「胡
舍」。薩該，讀如"sagai"，卷二十七作「撒改」。達呼
布，滿洲語讀如"dahūbu"，意即「令其復」，卷二十七
作「狄故保」。尼楚赫，滿洲語讀如"nicuhe"，意即「珍
珠」，卷二十七作「銀朮割」。伊埒，蒙古語讀如"ile"，
意即「明顯」，卷二十七作「移烈」。棟摩，滿洲語讀如
"dongmo"，意即「茶桶」，卷二十七作「闍母」。噶

克實，滿洲語讀如"gaksi"，意即「夥伴」，卷二十七作「葛十」。僧嘉努，讀如"senggiyanu"，卷二十八作「僧家奴」。章嘉努，讀如"janggiyanu"，卷二十八作「張家奴」。色埒，滿洲語讀如"sele"，意即「鐵」，卷二十八作「辭剌」。呼塔噶，蒙古語讀如"hūtaga"，意即「小刀」，卷二十八作「胡覩姑」。烏珠，滿洲語讀如"uju"，意即「頭」，卷二十八作「兀尤」。伊都，滿洲語讀如"idu"，意即「班次」，卷二十八作「余覩」。

　赫伯，滿洲語讀如"hebe"，意即「商議」，卷二十八作「痕孛」。烏舍，滿洲語讀如"uše"，意即「小皮條」，卷二十八作「吳十」。霍六格，讀如"huwelioge"，卷二十八作「霍六哥」。博和哩，滿洲語讀如"bohori"，意即「碗豆」，卷二十八作「寶訛里」。博斯齊，蒙古語讀如"bosci"，意即「立」，卷二十八作「補疎只」。錫里岱，蒙古語讀如"silidai"，意即「有選拔」，卷二十八作「斜里得」。辰圖努，讀如"centunu"，卷二十八作「陳圖奴」。拜薩巴，蒙古語「拜」讀如"bai"，意即「箭把」，「薩巴」讀如"saba"，意即「器皿」，卷二十八作「白斯不」。達哈拉，滿洲語讀如"dahala"，意即「令其隨從」，卷二十九作「撻曷里」。和尚努，讀如"hošangnu"，卷二十九作「和尚奴」。

　布達，梵語讀如"buda"，意即「佛」，卷二十九作「補得」，卷九十二作「普達」，並非一人。穆喇斡，唐古特語讀如"murawa"，意即「言之」，卷二十九作「謨魯斡」，又作「謀盧瓦」，並非一人。僧孝努，讀如"senghiyoonu"，卷二十九作「僧孝奴」。達實，唐古特

語讀如"dasi"，意即「吉祥」，卷二十九作「大石」。佛騰，滿洲語讀如"feten"，意即「五行之行」，卷二十九作「佛頂」。瑪克實，滿洲語讀如"maksi"，意即「令其舞列」，卷二十九作「謨曷失」，卷六十九作「謨葛失」，係一人。阿敦，滿洲語讀如"adun"，意即「牧羣」，卷二十九作「阿敵音」。茂巴克師，蒙古語「茂」讀如"moo"，意即「不善」，「巴克實」讀如"baksi"，意即「師」，卷二十九作「毛八十」。薩古，蒙古語讀如"sagū"，意即「坐」，卷二十九作「撒古」。錫凌阿，滿洲語讀如"silingga"，意即「精銳人」，卷二十九作「時立愛」。特默格，蒙古語讀如"temege"，意即「駱駝」，卷二十九作「特母哥」。

潤諾，唐古特語讀如"žun no"，意即「少年」，卷二十九作「乳奴」。圖烈，蒙古語讀如"tuliye"，意即「燒柴」，卷二十九作「特烈」。約蘇，蒙古語讀如"yosu"，意即「理」，卷二十九作「遙設」。博勒和，滿洲語讀如"bolgo"，意即「潔淨」，卷二十九作「坡里括」。額爾克，滿洲語讀如"erke"，意即「雄壯」，卷二十九作「訛哥」。扎古雅，蒙古語讀如"jagūya"，意即「欲咬」，卷二十九作「昭古牙」。呼嚕，滿洲語讀如"hūru"，意即「口琴」，卷三十作「斛祿」。扎扎，滿洲語讀如"jaja"，意即「背負」，卷三十作「糺哲」。瑪尼，梵語讀如"mani"，卷三十作「麻涅」。額哩埒，滿洲語讀如"erile"，意即「以時」，卷三十作「斡里剌」，卷九十作「阿里懶」，並非一人。扎倫布，滿洲語讀如"jalumbu"，意即「令其盈滿」，卷三十作「查剌阿

不」。穆蘇，蒙古語讀如"musu"，意即「冰」，卷三十作「木薛」。格爾干，唐古特語讀如"gerg'an"，意即「師長」，語解作「老僧」，異，卷三十作「葛兒罕」。庫楚埒，蒙古語讀如"kucule"，意即「用力」，卷三十作「屈出律」。特爾格，蒙古語讀如"terge"，意即「車」，卷三十作「鐵哥」，卷四十五作「塔葛」，並非一人。巴噶濟蘇爾，蒙古語「巴噶」讀如"baga"，意即「小」，「濟蘇爾」讀如"jisur"，意即「狡詐」，卷三十作「朴古只沙里」。

　　以吉祥詞彙為名，具有意義，唐古特語「索諾木」（sonom），意即「福」，蒙古語「伊嚕勒」（irul），意即「福分」，蒙古語「呼圖克琨」（hūtuk kun），意即「福人」，唐古特語「格」（ge），意即「福」，唐古特語「喇實」（rasi），意即「吉祥」，唐古特語「達實」（dasi），意即「吉祥」。以佛號僧道為名，也是常見的現象。表中「彌勒努」（milenu）、「觀音努」（guwainnu）、「布達」（buda）、「格爾干」（gerg'an）等俱係以佛僧道為名。

　　滿洲語「博羅哩」（bolori），意即「秋」，索倫語「圖格」（tuge），意即「冬」，蒙古語「額布勒」（ebul），意即「冬」，是以季節為名。蒙古語「薩喇」（sara），意即「月」，蒙古語「布當」（budang），意即「霧」，是以天象為名。滿洲語「刷」（šuwa），意即「山後樹林」，蒙古語「烏達」（uda），意即「柳樹」，蒙古語「圖圖爾噶」（tuturga），意即「稻」，是以山林草木為名。

　　以鳥獸蟲魚為名的現象，頗為普遍。滿洲語「雙寬」（šongkon），意即「海青」，蒙古語「約羅岱」（yolodai），意即「有狗頭鵰」，蒙古語「托果斯」（togos），意即「孔雀」，蒙古語「托迪」（todi），意即「鸚鵡」，滿洲語「聶赫」（niyehe），意即「鴨」，滿洲語「噶嚕」（garu），意即「天鵝」，滿洲語「哲魯」（jelu），意即「鱒魚」，滿洲語「哈噶」（haga），意即「魚刺」，滿洲語「希卜蘇」（hibsu），意即「蜂蜜」。唐古特語「魯」（lu），意即「龍」，蒙古語「婁」（luo），意即「龍」，蒙古語「特默格」（temege），意即「駱駝」，滿洲語「特們」（temen），意即「駝」，蒙古語「英格」（ingge），意即「母駝」，蒙古語「呼蘭」（hūlan），意即「野騾」，滿洲語「古納」（gūna），意即「三歲牛」，蒙古語「巴爾」（bar），意即「虎」。

　　以生活器物命名，也是常見的現象。蒙古語「特爾格」（terge），意即「車」，蒙古語「薩巴」（saba），意即「器皿」，蒙古語「阿雅噶」（ayaga），意即「碗」，滿洲語「棟摩」（dongmo），意即「茶桶」，蒙古語「圖烈」（tuliye），意即「燒柴」，蒙古語「塔雅克」（tayak），意即「杖」，唐古特語「普爾布」（purbu），意即「杵」，滿洲語「必埒哩」（bileri），意即「瑣吶」，滿洲語「錫沙」（siša），意即「腰鈴」，滿洲語「伯哩」（beri），意即「弓」，蒙古語「拜」（bai），意即「箭把」，滿洲語「圖罕」（tuhan），意即「獨木橋」，滿洲語「阿達」（ada），意即「筏」，滿洲語「阿蘇」（asu），意即「網」，蒙古語「瑪諾勒」（manool），意即「田中

嚇禽鳥之草人」，滿洲語「尼楚赫」（nicuhe），意即「珍
珠」，蒙古語「實嚕」（širu），意即「珊瑚」，滿洲語
「呼嚕」（hūru），意即「口琴」。

　　有些人名，是以身體部位為名。唐古特語「果桑」
（g'o sang），意即「頭好」，滿洲語「烏珠」（uju），意
即「頭」，蒙古語「烏古察」（ugūca），意即「尾骨」，
滿洲語「威赫」（weihe），意即「牙」，蒙古語「錫
都」（sidu），意即「牙」。有些人名，是以數目為名。
蒙古語「尼格」（nige），意即「一」，蒙古語「伊遜」
（isun），意即「九」，蒙古語「納延」（nayan），意即
「八十」。

欽定四庫全書

欽定遼史語解卷十

按遼以索倫語為本語解內但釋
解義概不復注索倫語其中姓氏
地名官名人名無解義者俱以今
地名八旗姓氏通譜官名改字面
訂
之

名物

額珍錫哩　滿洲語額珍君也錫哩梵語威也卷一作阿主沙里

額顋伊哩　額顋伊哩

阿嘖

八、《欽定遼史語解》人名（三）

　　語解人名附名物，含女名。塔布布延，蒙古語讀如
"tabu buyan"，意即「五福」，《遼史》卷三十作「塔
不烟」，係女名。綏蘭，滿洲語讀如"suilan"，《遼史》
卷九十二作「挼懶」，卷一〇七作「挼蘭」係女名。表中
人名，以山川鳥獸、器物、數目為名，是普遍的現象，獅
子、馬、象、羊、猞猁猻、鹿、馬蜂、虎、鵝、海青、玉、
銀、東珠、腰鈴、馱鞍、鞋、沐盆、銅、硯、搖車以及數目
萬、二、四、二十、四十、百等，都是常見的人名詞義。以
「池」、「山岡」、「河」、「沙」、「嶺」、「城」為
名，也是常見的現象，探索《遼史》的命名，確實不可忽
視。

《欽定遼史語解·人名（三）》滿漢對照表

順次	滿洲語	漢　字	羅馬拼音	詞　　義
1		格圖肯	getuken	明白
2		伊勒呼	ilhū	一順
3		薩里布	salibu	使專主
4		唐古里	tanggūli	帳房穿堂

順次	滿洲語	漢　字	羅馬拼音	詞　義
5		杭　愛	hanggai	蒙古語， 馱鞍
7		希　沙	siša	腰鈴
8		哲　琳	jerin	邊
9		紐　紐	nionio	愛小兒詞
10		珠　奇	juki	墊
11		庫　克	kuke	蒙古語， 青色
12		圖嚕森	turusen	蒙古語， 已生息
13		星　哈	singh'a	梵語， 獅子
14		琿　春	huncun	
15		布　拉	bula	棘刺
16		諾　蘇	nosu	蒙古語， 鼻涕

順次	滿洲語	漢　字	羅馬拼音	詞　義
17		庸安穆嚕	yonggna muru	沙形像
18		額哩森	erisen	蒙古語，已尋
19		庫德	kude	蒙古語，野外
20		巴格	bage	
21		重格	cungge	
22		吳嘉努	ugiyanu	
23		雅袞	yagūn	蒙古語，何則
24		圖丹	tu dan	唐古特語，力全
25		固靈	guring	唐古特語，身長
26		悉達	hida	簾

順次	滿洲語	漢　字	羅馬拼音	詞　　義
27		摩　歟	mohon	窮
28		達巴噶	dabaga	蒙古語，嶺
29		叡　登	geoden	引誘
30		達囉克	darok	
31		赫　辰	hecen	城
32		沙布爾	šabur	蒙古語，鞋
33		特　屯	tetun	器皿
34		都塔濟	dutaji	蒙古語，逃
35		阿寶達	asida	蒙古語，常
36		鄂博庫	obokū	沐盆
37		奎瑪里	koimali	狡詐

順次	滿洲語	漢　字	羅馬拼音	詞　　義
38		裕允	yuyun	饑
39		托允	toyon	準頭
40		琳沁	rincin	唐古特語，寶
41		珠勒格科里	julge kooli	古例
42		赫特	hete	令疊
43		都哩	duri	搖車
44		實訥	sine	蒙古語，新
45		匹勒	pil	唐古特語，敷衍
46		綽班	coban	撬物千金
47		沃聶	weniye	鎔煉
48		綽哈	cooha	兵
49		呼哩木	hūrim	蒙古語，筵席

順次	滿洲語	漢　字	羅馬拼音	詞　義
50		淵	yuwan	硯
51		雙　庫	šungku	脣下凹
52		罕　扎	hanja	廉
53		黃　巴	hūwangba	
54		特 依 順	teišun	銅
55		薩　木	sam	唐古特語，心
56		和　克	hok	蒙古語，產業
57		伊　克 諤　尼	ike ūni	蒙古語，大長久
58		茂　薩	moo sa	樹木 玉草
59		鏗　色	kengse	果斷

順次	滿洲語	漢　字	羅馬拼音	詞　義
60		伊德實	idesi	蒙古語，食物
61		蘇布特	subut	蒙古語，珍珠
62		阿該	ag'ai	
63		楚珠尼頁拉該色拉	cu ju ni ye la g'ai se la	
64		策格	ts'ege	
65		圖們通古	tumen tunggu	萬淵
66		布色	buse	蒙古語，帶
67		呼實布	hūsibu	令包裹

順次	滿洲語	漢字	羅馬拼音	詞義
68		彭 嘉	peng giya	唐古特語，集聚百
69		罕 齊	hanci	近
70		諾 延烏 克	noyan uk	蒙古語，官長根本
71		額 勒格	elge	令牽馬
72		朗 德	langde	
73		諤 尼沙 哩勒	ūni šaril	長久 舍利
74		舒 舒梅 楞	šušu meiren	紫色肩
75		巴 噶穆 爾	baga mur	蒙古語，微小踪跡

順次	滿洲語	漢　字	羅馬拼音	詞　義
76		伊勒都齊	ilduci	蒙古語，佩腰刀人
77		特爾特	terte	蒙古語，彼岸
78		塔坦	tatan	窩鋪
79		珠爾	jur	二
80		堆音	duin	四
81		實迪	sidi	蒙古語，道
82		錫里雅	siliya	蒙古語，欲選拔
83		鼐爾琨	nair kun	蒙古語，和人
84		隆伊特	lung it	唐古特語，授記心
85		巴古濟	bagūji	蒙古語，已下降

順次	滿洲語	漢　字	羅馬拼音	詞　義
86		伊德森	idesen	蒙古語，已食
87		和　哩	hori	蒙古語，二十
88		都　沁	ducin	蒙古語，四十
89		額哩音	eriyen	蒙古語，花斑
90		達嚕噶	daruga	蒙古語，頭目
91		海　蘭	hailan	榆樹
92		僧　格	sengge	老人
93		索　吉	sogi	菜
94		伊　庫	ikū	屈
95		瑠智格	liojyge	
96		賢　格	hiyange	

順次	滿洲語	漢字	羅馬拼音	詞義
97		扎袞	jagūn	蒙古語，百
98		呼魯蘇	hūlusu	蒙古語，蘆葦
99		雙庫赫	šungkuhe	已坍塌
100		帕克戩	pak jiyan	唐古特語，聖裝嚴
101		汗努	han nu	蒙古語，君長
102		阿沙里密	ališambi	悶
103		丕勒布密	pil bu mi	唐古特語，敷衍子人
104		保諾延	boo noyan	蒙古語，鳥鎗官長
105		雅里	yali	肉

順次	滿洲語	漢　字	羅馬拼音	詞　義
106		揚阿克	yang ak	唐古特語，聲音咒語
107		朗　布	langbu	唐古特語，象
108		揚　珠	yangju	蒙古語，儀表
109		瑪　格	mage	
110		果　勒	gool	蒙古語，河
111		和克齊	hokci	蒙古語，細莖菜
112		允　古	yūn gu	
113		巴爾達木	bardamu	蒙古語，誇張
114		伊　聶	iniye	蒙古語，笑
115		達　哈	daha	近
116		圖　們	tumen	萬

順次	滿洲語	漢　字	羅馬拼音	詞　義
117		諾木袞	nom gun	蒙古語，經深
118		和寧	honin	羊
119		扎拉圖	jalatu	蒙古語，有帽纓
120		塔布布延	tabu buyan	蒙古語，五福
121		布喇奇	buraki	塵埃
122		實卜克	sibke	穿釘
123		布琳	burin	蒙古語，全
124		布爾錦	burgiyen	鞍喬
125		巴爾諾延	bar noyan	蒙古語，虎君長
126		布延	buyan	蒙古語，福

順次	滿洲語	漢 字	羅馬拼音	詞 義
127		伊 勒 必	ilbi	蒙古語，幻術
128		呼 嚕 古	hūrugū	蒙古語，指
129		辰 富	cenfu	
130		努 展	nujan	拳
131		轄 達	hiyada	令織補
132		錫 實	sisi	蒙古語，高粱
133		實 倫	silun	猞猁猻
134		烏 展	ujan	地頭
135		布 勒 圖	bultu	蒙古語，全
136		綏 蘭	suilan	馬蜂
137		徹 珍	cejen	胸膛
138		穆 喇 齊	muraci	哨鹿人

順次	滿洲語	漢　字	羅馬拼音	詞　義
139		鄂　摩	omo	池
140		揚　結	yang giya	唐古特語，聲音開廣
141		塔哩濟	tariji	已耕
142		濟　喇	jira	稠密
143		頁　嚕	yeru	獸穴
144		斡　拉	wala	下首
145		伊實年	isi niyan	唐古特語，智慧妙
146		鍾　格	jungge	
147		和　琳	horin	蒙古語，二十
148		糾　堅	giogiyan	身緊束
149		錫　納	sina	蒙古語，山岡

順次	滿洲語	漢　字	羅馬拼音	詞　義
150		錫　蘭	silan	細藍布
151		扎　林	jalin	因為
152		約音努	yoinnu	
153		巴　爾	bar	蒙古語，虎
154		錫喇布	sirabu	令接續
155		音　濟	inji	蒙古語，媵
156		伊德濟	ideji	蒙古語，已食
157		揚鄂特	yang ot	唐古特語，聲音光
158		烏拉丹	uladan	蒙古語，有驛站
159		阿爾斯蘭	arslan	蒙古語，獅子

順次	滿洲語	漢　字	羅馬拼音	詞　義
160		楚　旺	cu wang	唐古特語，水權
161		愛　實	aisi	利
162		富僧額	fusengge	孿生
163		穆爾薩	mursa	蘿蔔
164		善　努	šannu	
165		額　埒	ele	所有
166		塔瑪雅	tamaya	蒙古語，行圍收合
167		能　登	nenden	先
168		哩　巴	ri ba	唐古特語，山勇
169		達爾丹	dardan	粧緞
170		哈　準	hajun	犂刀

順次	滿洲語	漢　字	羅馬拼音	詞　義
171		伊都古	idu gu	班次 玉
172		達哈拉	dahala	令隨從
173		官努	guwannu	
174		努	nu	
175		額勒本	elben	茅草
176		貝勒	beile	管理眾人 之稱
177		繖布斡	sambuwa	唐古特語， 祖師
178		伊格伯勒	ibegel	蒙古語， 保佑
179		年結	niyan giye	唐古特語， 妙開廣
180		蘇蘭	suran	虼蚤
181		卓巴勒	jobal	蒙古語， 憂

順次	滿洲語	漢　字	羅馬拼音	詞　義
182		呼　敦	hūdun	快
183		巴　扎	baja	蒙古語，預備
184		巴　沁	ba cin	唐古特語，勇大
185		威　明	weiming	
186		約　噶	yog'a	梵語，魚伽
187		實勒喇濟	siralji	蒙古語，黃蒿
188		伊達坰袞	ile dagūn	蒙古語，明顯聲音
189		頁　頁	yeye	煩瑣人
190		安　扎	anja	犁杖
191		布達拉	budala	唐古特語，普陀山

順次	滿洲語	漢　字	羅馬拼音	詞　義
192		題　末	tim	唐古特語，承受
193		噶　老	galao	蒙古語，鵝
194		阿　古	agu	兄長
195		恩　克	engke	蒙古語，太平
196		博　克 碩　寬	bokšokon	精緻
197		阿　雅	aya	好
198		固　頁	guye	刀把頂束
199		托克托	tokto	蒙古語，定
200		特穆爾 達　實	temur dasi	蒙古語，鐵 唐古特語，吉祥
201		和　斯雅 哈　雅	hos haya	蒙古語，雙帳房氈帷

順次	滿洲語	漢　字	羅馬拼音	詞　義
202		額錫　珍哩	ejen siri	君威
203		巴　爾	bar	蒙古語，虎
204		色色　克哩	sekseri	箭射物釘住
205		雙　寬	šongkon	海青
206		塔　納	tana	東珠
207		果勒　圖	gooltu	蒙古語，有河
208		沽	gu	玉
209		孟　古	mūnggu	蒙古語，銀
210		哈　準	hajun	犁刀
211		實　保	sibao	蒙古語，禽鳥
212		阿尼　雅伊　伊能	aniya inenggi	元旦

順次	滿洲語	漢　字	羅馬拼音	詞　義
213		扎拉巴	jalaba	蒙古語，已請
214		陶拉噶爾布噶	taola garbuga	射兔
215		托卜伊能伊	tob inenggi	端日
216		賽音伊能伊	sain inenggi	吉日
217		伊努克爾	ike nur	蒙古語，大面
218		博羅哩烏楚哩	bolori ucuri	秋時際
219		達噶勒喀	dalgaka	燒

順次	滿洲語	漢　字	羅馬拼音	詞　　義
220		綽哈 雅布	cooha yabu	令行兵
221		實魯袞	silugūn	蒙古語， 樸素
222		雲威	yun ui	唐古特語， 右中
223		呼遜	hūsun	力
224		斯	sy	
225		伯竒	beki	堅固

資料來源：《欽定四庫全書》，「史部」，《欽定遼史語解》，
　　卷九、卷十。

　　表中所列人名，含名物。格圖肯，滿洲語讀如
"getuken"，意即「明白」，卷三十二作「可突干」。伊勒
呼，滿洲語讀如"ilhū"，意即「一順」，卷三十二作「益
古」。薩里布，滿洲語讀如"salibu"，意即「使專主」，
卷三十二作「撒里本」，又作「撒里卜」，並非一人。唐
古里，滿洲語讀如"tanggūli"，意即「帳房穿堂」，卷
三十二作「塔古里」。杭愛，蒙古語讀如"hangai"，意
即「馱鞍」，卷三十二作「航斡」。希沙，滿洲語讀如
"siša"，意即「腰鈴」，卷三十二作「時瑟」。哲琳，

滿洲語讀如 "jerin"，意即「凡物之邊」，卷三十二作「哲里」。紐紐，滿洲語讀如 "nionio"，意即「疼愛小兒詞」，卷三十二作「拏女」。珠奇，滿洲語讀如 "juki"，意即「墊物之墊」，卷三十二作「據曲」。庫克，蒙古語讀如 "kuke"，意即「青色」，卷三十二作「窟哥」，卷七十作「魁可」，並非一人。圖嚕森，蒙古語讀如 "turusen"，意即「已生息」，卷三十三作「吐勒厮」。星哈，梵語讀如 "singh'a"，意即「獅子」，卷三十三作「尚海」。琿春，讀如 "huncun"，在寧古塔東南，卷三十三作「渾敞」。布拉，滿洲語讀如 "bula"，意即「棘刺」，卷三十七作「撥剌」。

諾蘇，蒙古語讀如 "nosu"，意即「鼻涕」，卷三十七作「糯思」。庸安穆嚕，滿洲語「庸安」讀如 "yonggan"，意即「沙」，「穆嚕」讀如 "muru"，意即「形像」，卷三十七作「容我梅里」。額哩森，蒙古語讀如 "erisen"，意即「已尋」，卷三十八作「漚里僧」。庫德，蒙古語讀如 "kude"，意即「野外」，卷四十七作「古得」，卷一一四作「古迭」。巴格，讀如 "bage"，卷四十七作「把哥」。重格，讀如 "cungge"，卷四十七作「重哥」。吳嘉努，讀如 "ugiyanu"，卷四十七作「吳家奴」。雅袞，蒙古語讀如 "yagūn"，意即「何則」，卷四十八作「堯袞」。圖丹，唐古特語讀如 "tu dan"，意即「力全」，卷四十八作「獨攧」。固靈，唐古特語讀如 "guring"，意即「身長」，卷四十八作「骨鄰」。悉達，滿洲語讀如 "hida"，意即「簾」，卷五十三作「悉達」。摩歡，滿洲語讀如 "mohon"，意即「窮」，卷五十八作

「摩會」。達巴噶，蒙古語讀如"dabaga"，意即「嶺」，卷六十一作「敵八哥」。戤登，滿洲語讀如"geoden"，意即「引誘」，卷六十二作「狗丹」。達囉克，讀如"darok"，卷六十二作「達魯古」。赫辰，滿洲語讀如"hecen"，意即「城」，卷六十三作「何辰」。

沙布爾，蒙古語讀如"šabur"，意即「鞋」，卷六十三作「沙鉢略」。特屯，滿洲語讀如"tetun"，意即「器皿」，卷六十三作「吐屯」。都塔濟，蒙古語讀如"dutaji"，意即「逃」，卷六十三作「突地稽」。阿實達，蒙古語讀如"asida"，意即「常」，卷六十三作「阿史德」。鄂博庫，滿洲語讀如"obokū"，意即「沐盆」，卷六十三作「阿不固」。奎瑪里，滿洲語讀如"koimali"，意即「狡詐」，卷六十三作「枯莫離」。裕允，滿洲語讀如"yuyun"，意即「饑」，卷六十三作「鬱于」。托允，滿洲語讀如"toyon"，意即「準頭」，卷六十三作「咄于」。琳沁，唐古特語讀如"rincin"，意即「寶」，卷六十三作「剌乾」，卷九十六作「陵青」，並非一人。珠勒格科里，滿洲語「珠勒格」讀如"julge"，意即「古」，「科里」讀如"kooli"，意即「條例」，卷六十三作「只里姑括里」。赫特，滿洲語讀如"hete"，意即「令其疊」，卷六十四作「恒特」。都哩，滿洲語讀如"duri"，意即「搖車」，卷六十四作「掇里」。實訥，蒙古語讀如"sine"，意即「新」，卷六十五作「神奴」，卷七十七作「斜寧」，並非一人。匹勒，唐古特語讀如"pil"，意即「敷衍」，卷六十五作「匹里」。綽班，滿洲語讀如"coban"，意即「撬物千金」，卷六十五作「啜不」。沃

聶，滿洲語讀如"weniye"，意即「鎔煉」，卷六十五作「窩匿」。綽哈，滿洲語讀如"cooha"，意即「兵」，卷六十五作「酬斡」。

呼哩木，蒙古語讀如"hūrim"，意即「筵席」，卷六十七作「忽里沒」。淵，滿洲語讀如"yuwan"，意即「硯」，卷六十七作「月椀」。雙庫，滿洲語讀如"šungku"，意即「唇下凹」，卷六十七作「雙谷」。罕扎，滿洲語讀如"hanja"，意即「廉」，卷六十七作「韓家」。黃巴，讀如"hūwangba"，卷六十七作「黃八」。特依順，滿洲語讀如"teišun"，意即「銅」，卷六十七作「臺哂」。薩木，唐古特語讀如"sam"，意即「心」，卷六十七作「撒摩」。和克，蒙古語讀如"hok"，意即「產業」，卷六十七作「忽古」，卷七十四作「虎古」，並非一人。伊克諤尼，蒙古語「伊克」讀如"ike"，意即「大」，「諤尼」讀如"ūni"，意即「長久」，卷六十七作「乙古蒲匿」。茂薩，滿洲語「茂」讀如"moo"，意即「樹木」，「薩」讀如"sa"，意即「玉草」，卷六十七作「摩撒」。鏗色，滿洲語讀如"kengse"，意即「果斷之果」，卷六十八作「恆策」。伊德實，蒙古語讀如"idesi"，意即「食物」，卷六十九作「寅底吉」。蘇布特，蒙古語讀如"subut"，意即「珍珠」，卷六十九作「撒保特」。阿該，讀如"ag'ai"，卷七十作「阿改」。楚珠尼頁拉該色拉，讀如"cu ju ni ye la g'ai se la"，卷七十作「出燭你耶剌改塞剌」。策格，讀如"ts'e"，卷七十作「冊哥」。圖們通古，滿洲語「圖們」讀如"tumen"，意即「萬」，「通古」讀如"tunggu"，意即「淵」，卷七十

作「圖木同刮」。

　　布色，蒙古語讀如“buse”，意即「帶」，卷七十作「蒲蘇」。呼實布，滿洲語讀如“hūsibu”，意即「令其包裹」，卷七十作「紇石保」。彭嘉，唐古特語讀如“peng giya”，意即「集聚百數」，卷七十作「平甲」。罕齊，滿洲語讀如“hanci”，意即「近」，卷七十作「韓七」。諾延烏克，蒙古語「諾延」讀如“noyan”，意即「官長」，「烏克」讀如“uk”，意即「根本」，卷七十作「那也溫」。額勒格，滿洲語讀如“elge”，意即「令其牽馬」、「溜牲口」，卷七十作「二哥」。朗德，讀如“langde”，卷七十一作「狼德」。諤尼沙哩勒，蒙古語「諤尼」讀如“ūni”，意即「長久」，「沙哩勒」讀如“šaril”，意即「舍利」，卷七十一作「魏寧舍利」。舒舒梅楞，滿洲語「舒舒」讀如“šušu”，意即「紫色」，「梅楞」讀如“meiren”，意即「肩」，卷七十一作「慎思梅里」。巴噶穆爾，蒙古語「巴噶」讀如“baga”，意即「微小」，「穆爾」讀如“mur”，意即「踪跡」，卷七十一作「婆姑梅里」。伊勒都齊，蒙古語讀如“ilduci”，意即「佩腰刀人」，卷七十一作「勾德忍」。

　　特爾特，蒙古語讀如“terte”，意即「彼岸」，卷七十二作「特裏特」，卷七十三作「迭里特」。塔坦，滿洲語讀如“tatan”，意即「窩鋪」，卷七十三作「撻得」。珠爾，索倫語讀如“jur”，意即「二」，卷七十三作「尤里」。堆音，滿洲語讀如“duin”，意即「四」，卷七十三作「鐸益」。實迪，蒙古語讀如“sidi”，意即「得道之道」，卷七十三作「斜的」。錫里雅，蒙古語讀如

“siliya”，意即「欲選拔」，卷七十三作「轄剌于」。鼐爾琨，蒙古語「鼐爾」讀如“nair”，意即「和」，「琨」讀如“kun”，意即「人」，卷七十三作「涅剌昆」，卷七十九作「涅烈袞」，並非一人。隆伊特，唐古特語「隆」讀如“lung”，意即「授記」，「伊特」讀如“it”，意即「心」，卷七十四作「隆益答」。巴古濟，蒙古語讀如“bagūji”，意即「已下降」，卷七十五作「蒲古只」。伊德森，蒙古語讀如“idesen”，意即「已食」，卷七十五作「寅底哂」，卷七十八作「寅的哂」，並非一人。和哩，蒙古語讀如“hori”，意即「二十」，卷七十五作「和里」。都沁，蒙古語讀如“ducin”，意即「四十」，卷七十五作「鐸臻」。額哩音，蒙古語讀如“eriyen”，意即「花斑」，卷七十五作「阿魯隱」。

達嚕噶，蒙古語讀如“daruga”，意即「頭目」，卷七十五作「敵魯古」。海蘭，滿洲語讀如“hailan”，意即「榆樹」，卷七十六作「孩鄰」，卷一一二作「海鄰」，並非一人。僧格，滿洲語讀如“sengge”，意即「老人」，卷七十六作「僧遏」。索吉，滿洲語讀如“sogi”，意即「菜」，卷七十七作「撒給」。伊庫，滿洲語讀如“ikū”，意即「屈」，卷七十八作「寅古」。瑠智格，讀如“liojyge”，卷七十八作「留只哥」。賢格，讀如“hiyange”，卷七十九作「賢哥」。扎袞，蒙古語讀如“jagūn”，意即「百數」，卷八十一作「昭袞」。呼魯蘇，蒙古語讀如“hūlusu”，意即「蘆葦」，卷八十二作「胡里室」。雙庫赫，滿洲語讀如“šungkuhe”，意即「已坍塌」，卷八十二作「稍古葛」。帕克戩，唐古特語「帕

克」讀如“pak”，意即「聖」，「戩」讀如“jiyan”，意即「裝嚴」，卷八十二作「雯金」。汗努，蒙古語「汗」讀如“han”，意即「君長」，「努」讀如“nu”，卷八十二作「汗奴」。阿里沙密，滿洲語讀如“ališambi”，意即「悶」，卷八十二作「阿里撒米」。丕勒布密，唐古特語「丕勒」讀如“pil”，意即「敷衍」，「布」讀如“bu”，意即「子」，「密」讀如“mi”，意即「人」，卷八十二作「僕里鼇米」。保諾延，蒙古語「保」讀如“boo”，意即「鳥鎗」，「諾延」讀如“noyan”，意即「官長」，卷八十二作「蒲奴隱」。雅里，滿洲語讀如“yali”，意即「肉」，卷八十二作「爻里」，卷一〇〇作「延留」，並非一人。

　　揚阿克，唐古特語「揚」讀如“yang”，意即「聲音」，「阿克」讀如“ak”，意即「咒語」，卷八十二作「揚阿」。朗布，唐古特語讀如“langbu”，意即「象」，卷八十二作「郎不」。揚珠，蒙古語讀如“yangju”，意即「儀表」，卷八十二作「約直」，卷八十三作「爻直」，卷八十八作「瑤質」，並非一人。瑪格，讀如“mage”，卷八十二作「馬哥」。果勒，蒙古語讀如“gool”，意即「河」，卷八十三作「狗兒」。和克齊，蒙古語讀如“hokci”，意即「細莖菜」，卷八十四作「胡古只」。允古，讀如“yūngu”，卷八十四作「勻骨」。巴爾達木，蒙古語讀如“bardam”，意即「誇張」，卷八十四作「拔里得」。伊聶，蒙古語讀如“iniye”，意即「笑」，卷八十五作「耶寧」。達哈，索倫語讀如“daha”，意即「近」，卷八十五作「塔紇」。圖們，滿洲語讀如“tumen”，意

即「萬」，卷八十五作「徒門」，卷九十作「徒木」，並非一人。諾木袞，蒙古語「諾木」讀如"nom"，意即「經」，「袞」讀如"gun"，意即「深」，卷八十六作「粘袞」。和寧，滿洲語讀如"honin"，意即「羊」，卷八十六作「何寧」。扎拉圖，蒙古語讀如"jalatu"，意即「有帽纓」，卷八十七作「查剌阿覩」。塔布布延，蒙古語「塔布」讀如"tabu"，意即「五」，「布延」讀如"buyan"，意即「福」，卷八十七作「撻不衍」，卷三十作「塔不烟」，係女名。布喇奇，滿洲語讀如"buraki"，意即「塵埃」，卷八十八作「樸里失」。實卜克，滿洲語讀如"sibke"，意即「穿釘」，卷八十八作「室勃葛」。布琳，蒙古語讀如"burin"，意即「全」，卷八十八作「別勒隱」。布爾錦，滿洲語讀如"burgiyen"，意即「鞍喬」，卷八十八作「拔里菫」。

巴爾諾延，蒙古語「巴爾」讀如"bar"，意即「虎」，「諾延」讀如"noyan"，意即「官長」，卷八十八作「盆納隱」。布延，蒙古語讀如"buyan"，意即「福」，卷八十八作「伯陰」。伊勒必，蒙古語讀如"ilbi"，意即「幻術」，卷八十八作「榆烈比」。呼嚕古，蒙古語讀如"hūrugū"，意即「指」，卷八十九作「胡呂古」。辰富，讀如"cenfu"，卷八十九作「陳甫」。努展，滿洲語讀如"nujan"，意即「拳」，卷八十九作「乃展」。轄達，滿洲語讀如"hiyada"，意即「令其織補」，卷九十作「轄特」。錫實，蒙古語讀如"sisi"，意即「高粱」，卷九十作「轄式」。實倫，滿洲語讀如"silun"，意即「猞猁猻」，卷九十一作「石魯隱」。烏展，滿洲語

讀如 "ujan"，意即「地頭」，卷九十一作「吾展」。布勒圖，蒙古語讀如 "bultu"，意即「全」，卷九十一作「僕里篤」。綏蘭，滿洲語讀如 "suilan"，意即「馬蜂」，卷九十二作「挼懶」，卷一〇七作「挼蘭」，係女名。徹珍，滿洲語讀如 "cejen"，意即「胸膛」，卷九十二作「查只」。穆喇齊，滿洲語讀如 "muraci"，意即「哨鹿人」，卷九十二作「摩魯董」。鄂摩，滿洲語讀如 "omo"，意即「池」，卷九十二作「兀沒」。揚結，唐古特語「揚」讀如 "yang"，意即「聲音」，「結」讀如 "giye"，意即「開廣」，卷九十二作「楊九」。塔哩濟，滿洲語讀如 "tariji"，意即「已耕」，卷九十二作「塔里直」。濟喇，滿洲語讀如 "jira"，意即「稠密」，卷九十三作「直剌」。頁嚕，滿洲語讀如 "yeru"，意即「獸穴」，卷九十三作「迂魯」。斡拉，滿洲語讀如 "wala"，意即「下首」，卷九十四作「斡臘」。

伊實年，唐古特語「伊實」讀如 "isi"，意即「智慧」，「年」讀如 "niyan"，意即「妙」、「悅」，卷九十四作「移斯輦」。鍾格，讀如 "jungge"，卷九十五作「鍾哥」。和琳，蒙古語讀如 "horin"，意即「二十」，卷九十五作「回連」。糾堅，滿洲語讀如 "giogiyan"，意即「身緊束」，卷九十五作「休堅」，卷一〇〇作「九斤」，並非一人。錫納，蒙古語讀如 "sina"，意即「山岡」，卷九十六作「習撚」。錫蘭，滿洲語讀如 "silan"，意即「細藍布」，卷九十六作「霞賴」。扎林，滿洲語讀如 "jalin"，意即「因為」，卷九十六作「糺隣」。約音努，讀如 "yoinnu"，卷九十六作「樂音奴」。巴爾，蒙古語讀

如 "bar"，意即「虎」，卷九十六作「拔剌」。錫喇布，
滿洲語讀如 "sirabu"，意即「令其接續」，卷九十六作
「奚列阿不」。音濟，蒙古語讀如 "inji"，意即「媵」，
卷九十七作「引吉」，卷一〇一作「因吉」，並非一人。
伊德濟，蒙古語讀如 "ideji"，意即「已食」，卷九十八作
「移敵蹇」。揚鄂特，唐古特語「揚」讀如 "yang"，意
即「聲音」，「鄂特」讀如 "ot"，意即「光」，卷九十八
作「楊五」。烏拉丹，蒙古語讀如 "uladan"，意即「有
驛站」，卷九十九作「斡里端」。阿爾斯蘭，蒙古語讀如
"arslan"，意即「獅子」，卷九十九作「阿斯憐」。楚
旺，唐古特語「楚」讀如 "cu"，意即「水」，「旺」讀
如 "wang"，意即「權」，卷九十九作「酬宛」。愛實，
滿洲語讀如 "aisi"，意即「利」，卷九十九作「安十」。
富僧額，滿洲語讀如 "fusengge"，意即「孳生」，卷一
〇〇作「蒲速苑」。穆爾薩，滿洲語讀如 "mursa"，意即
「蘿蔔」，卷一〇〇作「麼撒」。善努，讀如 "šannu"，
卷一〇〇作「山奴」。額埒，滿洲語讀如 "ele"，意即「所
有」，卷一〇〇作「訛里」。

　　塔瑪雅，蒙古語讀如 "tamaya"，意即「行圍收合」，
卷一〇〇作「特末衍」。能登，滿洲語讀如 "nenden"，
意即「先」，卷一〇〇作「能典」。哩巴，唐古特語
「哩」讀如 "ri"，意即「山」，「巴」讀如 "ba"，意
即「勇」，卷一〇一作「里拔」。達爾丹，滿洲語讀如
"dardan"，意即「粧緞」，卷一〇一作「特里典」。哈
準，滿洲語讀如 "hajun"，意即「犂刀」，卷一〇一作
「合朮隱」，卷一一三作「寒真」，並非一人。伊都古，

滿洲語「伊都」讀如“idu”，意即「班次」，「古」讀如
“gu”，意即「玉」，卷一〇二作「余都姑」。達哈拉，
滿洲語讀如“dahala”，意即「令其隨從」，卷一〇二作
「撻葛里」。官努，讀如“guwannu”，卷一〇六作「官
奴」。努，讀如“nu”，卷一〇七作「奴」。額勒本，滿
洲語讀如“elben”，意即「茅草」，卷一〇七作「訛里
本」，係女名。貝勒，滿洲語讀如“beile”，意即「管理眾
人之稱」，卷一〇七作「孛堇」。繖布斡，唐古特語讀如
“sambuwa”，意即「祖師」，卷一〇八作「撒不椀」。伊
伯格勒，蒙古語讀如“ibegel”，意即「保佑」，卷一〇八
作「乙不哥」。年結，唐古特語「年」讀如“niyan”，意
即「妙」，「結」讀如“giye”，意即「開廣」，卷一一〇
作「念經」。蘇蘭，滿洲語讀如“suran”，意即「虼蚤」，
卷一一三作「迻蘭」。卓巴勒，蒙古語讀如“jobal”，意
即「憂」，卷一一三作「木不魯」。呼敦，滿洲語讀如
“hūdun”，意即「快」，卷一一四作「胡篤」。

　　巴扎，蒙古語讀如“baja”，意即「預備」，卷一一四
作「巴軋」。巴沁，唐古特語「巴」讀如“ba”，意即
「勇」，「沁」讀如“cin”，意即「大」，卷一一四作
「八斤」。威明，讀如“weiming”，卷一一五作「嵬
名」。約噶，梵語讀如“yog'a”，漢字音譯作「瑜伽」，
意即「觀行」，語解作「魚伽」，異，卷一一五作「爻
括」。實喇勒濟，蒙古語讀如“siralji”，意即「黃蒿」，
卷一作「轄剌己」，係女名。伊埒達袞，蒙古語「伊埒」
讀如“ile”，意即「明顯」，「達袞」讀如“dagūn”，
意即「聲音」，卷一作「餘盧覩姑」。頁頁，滿洲語讀

如"yeye"，意即「煩瑣人」，卷八作「押雅」。安扎，滿洲語讀如"anja"，意即「犁杖」，卷八作「安只」。布達拉，唐古特語讀如"budala"，意即「普陀山」，卷十作「婆底里」。題木，唐古特語讀如"tim"，意即「滲透」、「溶化」，語解作「承受」，訛誤，卷十一作「汀」。噶老，蒙古語讀如"galao"，意即「鵝」，卷十六作「可老」。阿古，滿洲語讀如"agu"，意即「兄長」，卷十七作「阿聒」。恩克，蒙古語讀如"engke"，意即「太平」，卷二十九作「諳葛」。博克碩寬，滿洲語讀如"bokšokon"，意即「精緻」，卷三十作「普速完」。阿雅，索倫語讀如"aya"，意即「好」，卷七十八作「藹因」。固頁，滿洲語讀如"guye"，意即「刀把頂束」，卷九十三作「骨浴」。托克托，蒙古語讀如"tokto"，意即「定」，舊作「脫脫」，以下三名係元人修《遼史》官。特穆爾達實，蒙古語「特穆爾」讀如"temur"，意即「鐵」，唐古特語「達實」讀如"dasi"，意即「吉祥」，舊作「鐵睦爾達世」。和斯哈雅，蒙古語「和斯」讀如"hos"，意即「雙」，「哈雅」讀如"haya"，意即「帳房氈帷」，舊作「惠山海牙」。

名物中額珍錫哩，滿洲語「額珍」讀如"ejen"，意即「君」，梵語「錫哩」讀如"siri"，意即「威」，卷一作「阿主沙里」。巴爾，蒙古語讀如"bar"，意即「虎」，卷一作「暴里」。色克色哩，滿洲語讀如"sekseri"，意即「箭射物釘住」，卷三作「瑟瑟」。雙寬，滿洲語讀如"šongkon"，意即「海青」，卷十三作「杓窊」。塔納，滿洲語讀如"tana"，意即「東珠」，卷二十一作「駝

尼」。果勒圖，蒙古語讀如“gooltu”，意即「有河」，卷
二十一作「骨突」。沽，滿洲語讀如“gu”，意即「玉」，
卷三十一作「孤穩」。孟古，蒙古語讀如“mūnggu”，
意即「銀」，卷三十一作「女古」。哈準，滿洲語讀如
“hajun”，意即「犁刀」，卷三十三作「曷朮」。

　　實保，蒙古語讀如“sibao”，意即「禽鳥」，卷
三十三作「稍瓦」。阿尼雅伊能伊，滿洲語讀如“aniya
inenggi”，意即「元旦」，卷三十三作「廼捏咿呪」。
扎拉巴，蒙古語讀如“jalaba”，意即「已請」，卷
五十三作「忄里尉」。陶拉噶爾布噶，索倫語讀如“taola
garbuga”，意即「射兔」，卷五十三作「陶里樺」。托卜
伊能伊，滿洲語「托卜」讀如“tob”，意即「端」，「伊
能伊」讀如“inenggi”，意即「日」，卷五十三作「討賽咿
呪」。賽音伊能伊，滿洲語讀如“sain inenggi”，意即「吉
日」，卷五十三作「賽咿呪奢」。伊克努爾，蒙古語「伊
克」讀如“ike”，意即「大」，「努爾」讀如“nur”，意
即「面」，卷五十三作「捏褐耐」。博羅哩烏楚哩，滿洲語
讀如“bolori ucuri”，意即「秋時際」，卷五十三作「必里
遲離」。達勒噶喀，索倫語讀如“dalgaka”，意即「燒」，
卷五十三作「戴辣」。綽哈雅布，滿洲語讀如“cooha
yabu”，意即「兵令其行」，卷五十三作「炒伍佡尉」。實
魯袞，蒙古語讀如“silugūn”，意即「朴素」，卷五十六
作「實里薛袞」。雲威，唐古特語「雲」讀如“yun”，意
即「右」，「威」讀如“ui”，意即「中」，卷五十九作
「云為」。呼遜，滿洲語讀如“hūsun”，意即「力」，卷
一一三作「虎斯」。斯，讀如“sy”，卷一一五作「厮」。

伯奇，滿洲語讀如“beki”，意即「堅固」，卷一一五作「潑喜」。

以宗教信仰相關詞彙為名，反映人們祈求神佛保佑的願望。表中含有頗多具有信仰性質的人名，諾木，蒙古語讀如“nom”，意即「經」。特爾特，蒙古語讀如“terte”，意即「彼岸」。實迪，蒙古語讀如“sidi”，意即「得道之道」。阿克，唐古特語讀如“ak”，意即「咒語」。布延，蒙古語讀如“buyan”，意即「福」。布達拉，唐古特語讀如“budala”，意即「普陀山」。約噶，梵語讀如“yog’a”，意即「魚伽」（瑜伽）。繖布斡，唐古特語讀如“sambuwa”，意即「祖師」。伊伯格勒，蒙古語讀如“ibegel”，意即「保佑」。

以自然界景物鳥獸為名是常見的現象。表中達巴噶，蒙古語讀如“dabaga”，意即「嶺」。錫納，蒙古語讀如“sina”，意即「山岡」。庫德，蒙古語讀如“kude”，意即「野外」。哩巴，唐古特語「哩」讀如“ri”，意即「山」。果勒，蒙古語讀如“gool”，意即「河」。鄂摩，滿洲語讀如“omo”，意即「池」。庸安，滿洲語讀如“yonggan”，意即「沙」。赫辰，滿洲語讀如“hecen”，意即「城」。茂薩，滿洲語讀如“moo sa”，意即「樹木玉草」。海蘭，滿洲語讀如“hailan”，意即「榆樹」。呼魯蘇，蒙古語讀如“hūlusu”，意即「蘆葦」。索吉，滿洲語讀如“sogi”，意即「菜」。和克齊，蒙古語讀如“hokci”，意即「細莖菜」。穆爾薩，滿洲語讀如“mursa”，意即「蘿蔔」。錫實，蒙古語讀如“sisi”，意即「高粱」。實保，蒙古語讀如“sibao”，

意即「禽鳥」。雙寬，滿洲語讀如“šongkon”，意即「海青」。噶老，蒙古語讀如“galao”，意即「鵝」。星哈，梵語讀如“singh'a”，意即「獅子」。阿爾斯蘭，蒙古語讀如“arslan”，意即「獅子」。朗布，唐古特語讀如“langbu”，意即「象」。額勒格，滿洲語讀如“elge”，意即「令其牽馬」。巴爾，蒙古語讀如“bar”，意即「虎」。和寧，滿洲語讀如“honin”，意即「羊」。陶拉噶爾布噶，索倫語讀如“taola garbuga”，意即「射兔」。綏蘭，滿洲語讀如“suilan”，意即「馬蜂」。實倫，滿洲語讀如“silun”，意即「猞猁猻」。蘇蘭，滿洲語讀如“suran”，意即「虼蚤」。穆喇齊，滿洲語讀如“muraci”，意即「哨鹿人」。

　　以生活日常器物為名，亦頗具意義。特屯，滿洲語讀如“tetun”，意即「器皿」。塔坦，滿洲語讀如“tatan”，意即「窩鋪」。唐古里，滿洲語讀如“tanggūli”，意即「帳房穿堂」。和斯哈雅，句中「哈雅」，蒙古語讀如“haya”，意即「帳房氈帷」。特爾格，蒙古語讀如“terge”，意即「車」。都哩，滿洲語讀如“duri”，意即「搖車」。杭愛，蒙古語讀如“hanggai”，意即「馱鞍」。布爾錦，滿洲語讀如“burgiyen”，意即「鞍喬」。保，蒙古語讀如“boo”，意即「鳥鎗」。色克色哩，滿洲語讀如“sekseri”，意即「箭射物釘住」。實卜克，滿洲語讀如“sibke”，意即「穿釘」。哈準，滿洲語讀如“hajun”，意即「犁刀」。安扎，滿洲語讀如“anja”，意即「犁杖」。固頁，滿洲語讀如“guye”，意即「刀把頂束」。伊勒都齊，蒙古語讀如“ilduci”，意即「佩腰

刀人」。希沙，滿洲語讀如"siša"，意即「腰鈴」。沙布爾，蒙古語讀如"šabur"，意即「鞋」。鄂博庫，滿洲語讀如"obokū"，意即「沐盆」。達爾丹，滿洲語讀如"dardan"，意即「粧緞」。錫蘭，滿洲語讀如"silan"，意即「細藍布」。綽班，滿洲語讀如"coban"，意即「撬物千金」。淵，滿洲語讀如"yuwan"，意即「硯」。特穆爾，蒙古語讀如"temur"，意即「鐵」。特依順，滿洲語讀如"teišun"，意即「銅」。孟古，蒙古語讀如"mūnggu"，意即「銀」。沽，滿洲語讀如"gu"，意即「玉」。扎拉圖，蒙古語讀如"jalatu"，意即「有帽纓」。塔納，滿洲語讀如"tana"，意即「東珠」。蘇布特，蒙古語讀如"subut"，意即「珍珠」。以生活用品為名，反映了北亞民族的共同特色。

表中人名有以身體部位為名者，徹珍，滿洲語讀如"cejen"，意即「胸膛」。呼嚕古，蒙古語讀如"hūrugū"，意即「指」。伊特，唐古特語讀如"it"，意即「心」。薩木，唐古特語讀如"sam"，意即「心」。努展，滿洲語讀如"nujan"，意即「拳」。伊聶，蒙古語讀如"iniye"，意即「笑」。諾蘇，蒙古語讀如"nosu"，意即「鼻涕」。雅里，滿洲語讀如"yali"，意即「肉」。表中人名，以數目為名，亦具有意義，珠爾，索倫語讀如"jur"，意即「二」。堆音，滿洲語讀如"duin"，意即「四」。塔布，蒙古語讀如"tabu"，意即「五」。蒙古語「和琳」（horin），又作"hori"，意即「二十」。都沁，蒙古語讀如"ducin"，意即「四十」。扎袞，蒙古語讀如"jagūn"，意即「百」。圖們，滿洲語讀如"tumen"，意即「萬」。北亞民族以數目命名，是普遍的現象。